DIESES BUCH GEHÖRT:

ADRIANNA ADARME

Mein kreatives Ausmalkochbuch

40 REZEPTE ZUM KOCHEN,
ESSEN UND AUSMALEN

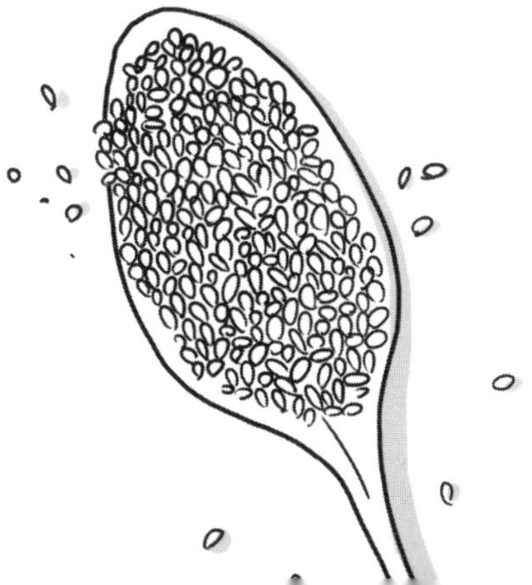

südwest

1. Auflage

Die Originalausgabe erschien 2016 unter dem Titel »A Cozy Coloring Cookbook – 40 Simple Recipes to Cook, Eat & Color« bei Rodale Inc., Emmaus.

Redaktionsleitung: Silke Kirsch
Projektleitung: Ann-Kathrin Kunz
Übersetzung: Tobias Rothenbücher
Redaktion: Regina Rautenberg
Satz: kreativsatz, Nadine Thiel, Baldham
Umschlaggestaltung für die deutschsprachige Ausgabe: OH, JA!, München
Illustrationen: Amber Day
Druck und Verarbeitung: Těsínská tiskárna, Česky Těsín

Printed in the Czech Republic

MIX
Papier aus verantwortungsvollen Quellen
FSC® C005833
FSC
www.fsc.org

ISBN 978-3-517-09627-8

www.suedwest-verlag.de

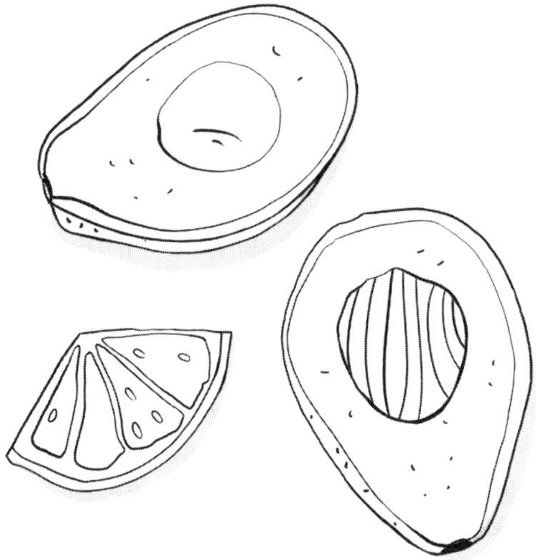

VORWORT

Herzlich willkommen in meinem kreativen Ausmalkochbuch! In diesem Buch findest du einfache Wohlfühlrezepte aus meiner (meist verwüsteten) Küche, wie gemacht für deine, und außerdem wunderbare Schwarz-Weiß-Zeichnungen von Amber Day. Die auf den folgenden Seiten vorgestellten Gerichte sind herrlich bunt und superlecker, und sie machen schon beim Kochen glücklich.

Wenn du magst, lass dich beim Ausmalen von ihren Farben inspirieren: Male die Bananen gelb, die Kirschen rot und meinen Corgi weiß-braun aus. Oder vielleicht magst du es ein bisschen schräg und gibst den Gerichten nach Herzenslust neue Farben – blaue Karotten, lila Wassermelonen, grellpinke Avocados und meine Amelia in Grün.

Das soll dein ganz persönliches Buch werden. Mal es aus und probier alle Gerichte!

Deine
ADRIANNA

WOHLFÜHL-COOKIES MIT SCHOKOSTÜCKCHEN

Für 36 Stück

465 g Mehl

1½ TL Backpulver

1½ TL Natron

1 TL Salz

250 g Butter

330 g brauner Zucker

130 g weißer Zucker

2 große Eier

5 Tropfen Vanillearoma

360 g dunkle Schokoladenstückchen oder -flocken

große Meersalzflocken (etwa von Maldon oder Jacobson)

1 In einer großen Schüssel das Mehl mit Backpulver, Natron und Salz vermischen.

2 In einem mittelgroßen Kochtopf die Butter bei geringer Hitze schmelzen lassen. Vom Herd nehmen und beide Zuckersorten unterquirlen. Die Eier und das Vanillearoma dazugeben und alles miteinander verrühren. Beiseitestellen und 5 Minuten abkühlen lassen. Zu der Mehlmischung geben und gründlich unterrühren. Die Schokoladenstückchen untermischen. Den Teig für 1 Stunde im Kühlschrank kalt stellen.

3 Den Ofen auf 180 °C (Ober-/Unterhitze) vorheizen. Ein Backblech mit Backpapier auslegen. Mit einem Löffel kleine Teigmengen abstechen und zwischen den Handflächen zu etwa 4 Zentimeter große Kugeln formen. Mit etwa 8 Zentimeter Abstand auf dem Backblech verteilen. 8 bis 10 Minuten backen, bis sie hellbraun geworden sind. Mit dem übrigen Teig ebenso verfahren. Jeden Cookie mit einer Prise Salzflocken garnieren. Die Cookies schmecken am besten warm mit einem Glas Milch dazu.

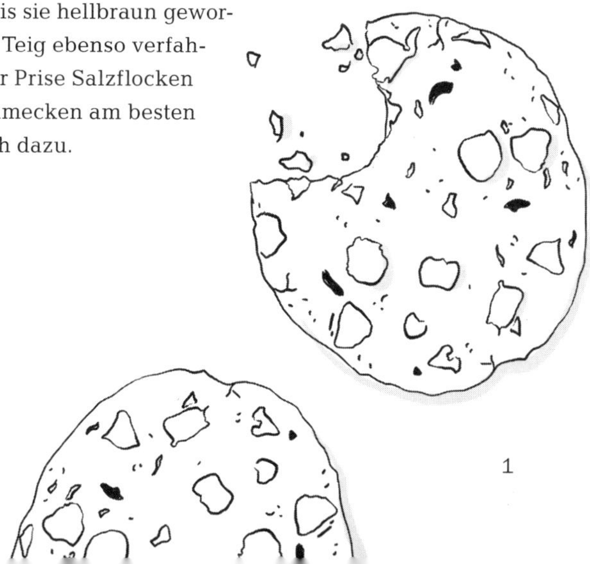

Spaghetti mit Hackbällchen

Für 4 Portionen

2 EL Paniermehl

2 EL Milch

1 großes Ei, verquirlt

1 TL Salz

50 g Parmesan + etwas mehr zum Garnieren

2 EL fein gehackte Petersilie + etwas mehr zum Garnieren

1 Knoblauchzehe, fein gehackt

¼ gelbe Zwiebel, gerieben

450 g Rinderhackfleisch

2 TL Olivenöl

1 Glas Tomatensauce – deine Lieblingsmarke oder selbst gekocht, 500 ml

450 g Bucatini oder Spaghetti, gekocht

1 In einer großen Schüssel das Paniermehl und die Milch miteinander verrühren. 5 Minuten ziehen lassen. Das Ei sowie Salz, Parmesan, Petersilie, Knoblauch und Zwiebel dazugeben. Alles gut miteinander verrühren. Das Hackfleisch hinzufügen und grob mit den anderen Zutaten vermischen. Mit den Händen golfballgroße Hackbällchen formen.

2 Das Öl in einer mittelgroßen Pfanne bei mittlerer Hitze erwärmen. Die Fleischbällchen darin braten, bis sie von allen Seiten knusprig gebräunt sind. Die Tomatensauce dazugießen, die Hitze reduzieren und alles 15 Minuten köcheln lassen. Die gekochten, noch warmen Nudeln in die Pfanne geben, alles mischen und mit Parmesan und Petersilie garnieren.

Knusprige belgische Waffeln

Für 4 Stück

125 g Mehl

30 g Speisestärke

½ TL Salz

½ TL Backpulver

½ TL Natron

190 ml Buttermilch, gut geschüttelt

60 ml Wasser

1 großes Ei, getrennt

6 EL Butter, zerlassen und abgekühlt

2–3 Tropfen Vanillearoma

3 EL Zucker

Schlagsahne zum Garnieren

frisches Obst zum Garnieren

1 In einer großen Schüssel Mehl, Stärke, Salz, Backpulver und Natron miteinander vermengen.

2 In einem großen Messbecher die Buttermilch mit Wasser, Eigelb, Butter und Vanillearoma verrühren. Zu der Mehlmischung geben und unterrühren. Beiseitestellen.

3 In einer zweiten Schüssel das Eiweiß mit dem Rührgerät schaumig schlagen. Den Zucker dazugeben und das Eiweiß steif schlagen. Unter den beiseitegestellten Teig heben, bis alles vermischt ist.

4 Nach den Anweisungen deines Waffeleisens aus dem Teig Waffeln backen.

5 Mit Schlagsahne und Obst garniert servieren.

GEBACKENER KÜRBIS MIT AHORNSIRUP, SALBEI UND GRANATAPFELKERNEN

Für 4 Portionen

4 EL Olivenöl

2 EL Ahornsirup

1 Eichelkürbis (oder Hokkaido), halbiert, entkernt und in keilförmige Stücke geschnitten

1 Prise Salz

6 frische Salbeiblätter

2 EL Granatapfelkerne

1 Den Ofen auf 180 °C (Ober-/Unterhitze) vorheizen. Ein Backblech mit Backpapier auslegen.

2 In einer kleinen Schüssel 2 Esslöffel Olivenöl mit dem Ahornsirup verrühren. Die Kürbisstücke von beiden Seiten mit der Hälfte der Sirupmischung bestreichen. Großzügig mit Salz bestreuen. Auf das Backblech legen und im Ofen 40 Minuten backen, bis sie sich beim Einstechen mit einer Gabel weich anfühlen. Die Kürbisstücke mit dem Rest der Sirupmischung erneut bestreichen.

3 In einer kleinen Pfanne das übrige Olivenöl bei mittlerer Hitze erwärmen. Die Salbeiblätter darin kross braten. Auf ein Stück Küchenpapier legen und eine Prise Salz darüberstreuen. Die Kürbisstücke mit Salbeiblättern und Granatapfelkernen garnieren.

Granatapfel-Schokokuchen

Für 8 Stücke

FÜR DIE GRANATAPFELBUTTERCREME

80 ml Granatapfelsaft

240 g Butter bei Zimmertemperatur

1–2 Tropfen rote Lebensmittelfarbe (falls gewünscht)

1 Prise Salz

300 g Puderzucker

AUSSERDEM

1 Schokoladenkuchen (2 Böden – siehe S. 85)

fertige oder selbstgemachte Baisers

½ Granatapfel zum Garnieren

1 *Für die Granatapfelbuttercreme* den Granatapfelsaft in einem kleinen Topf bei mittlerer Hitze in etwa 5 Minuten auf 2 Esslöffel reduzieren. Von der Herdplatte nehmen und auf Zimmertemperatur abkühlen lassen. Butter, Granatapfelsaft, Lebensmittelfarbe (falls gewünscht) und Salz in eine große Schüssel geben. Die Mischung mit dem Rührgerät auf hoher Geschwindigkeit glattrühren. Den Puderzucker durch ein Sieb einrieseln lassen. Weiterschlagen, bis eine glatte Mischung entstanden ist (etwa 1 Minute).

2 Einen Kuchenboden auf eine Tortenplatte legen. Die Oberfläche mit einem Drittel der Glasur bestreichen. Den zweiten Kuchenboden darauflegen und mit der übrigen Glasur die Oberseite und die Seiten einpinseln.

3 Den Kuchen mit ausgewählten Baisers, einem Viertel des Granatapfels und Granatapfelkernen dekorieren. Ganz nach deinem persönlichen Geschmack!

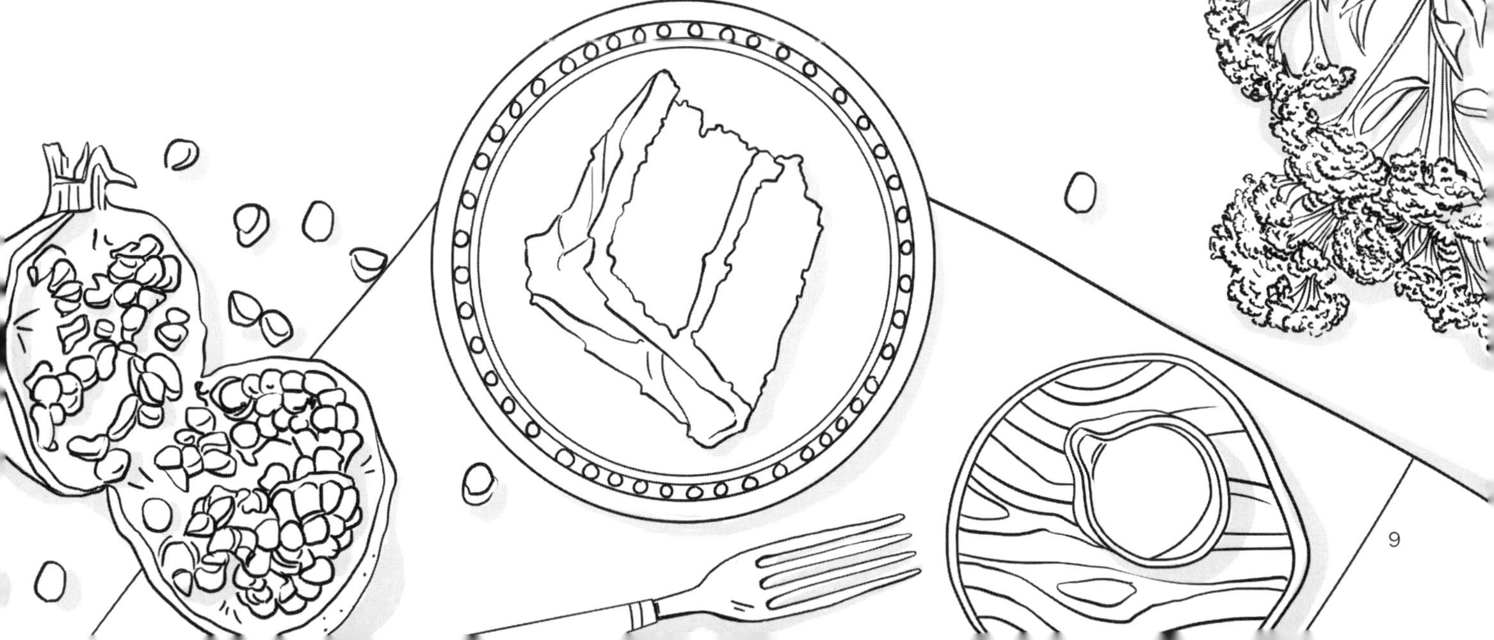

Herbstlicher Apfel-Olivenöl-Kuchen

Für 4–6 Stücke

3 kleine Äpfel (meine Lieblingssorten sind Honeycrisp, Gala und Pink Lady), fein gerieben

190 g Zucker

1 großes Ei

1–2 Tropfen Vanillearoma

125 ml Olivenöl

125 ml Buttermilch, gut geschüttelt

¼ TL Zimtpulver

½ TL Salz

½ TL Natron

½ TL Backpulver

120 g Mehl

1 EL Puderzucker

1 Den Ofen auf 160 °C (Ober-/Unterhitze) vorheizen. Den Boden einer Springform mit 20 Zentimetern Durchmesser mit Backpapier auslegen und die Ränder mit Olivenöl einfetten. Die geriebenen Äpfel mittig auf ein paar Lagen Küchenpapier geben und ausdrücken, bis der Apfelsaft vollständig ausgepresst ist. Beiseitestellen.

2 In einer großen Schüssel den Zucker mit dem Ei verrühren, bis eine schaumige blassgelbe Mischung entstanden ist. Vanillearoma, Olivenöl und Buttermilch dazugeben und alles zu einer glatten Mischung verrühren. Zimt, Salz, Natron, Backpulver und Mehl hinzufügen. Mit dem Rührgerät verrühren, bis keine Mehlklümpchen mehr zu sehen sind. Nun die geriebenen Äpfel unterrühren.

3 Den Teig in die Form geben und die Oberfläche schön glatt streichen. Den Kuchen in den Ofen geben und 25 bis 30 Minuten backen, bis die Oberfläche goldbraun geworden ist und an einem in die Mitte gestochenen Holzspieß kein Teig mehr kleben bleibt.

4 Wenn der Kuchen abgekühlt ist, die Oberfläche durch ein Sieb mit Puderzucker bestäuben.

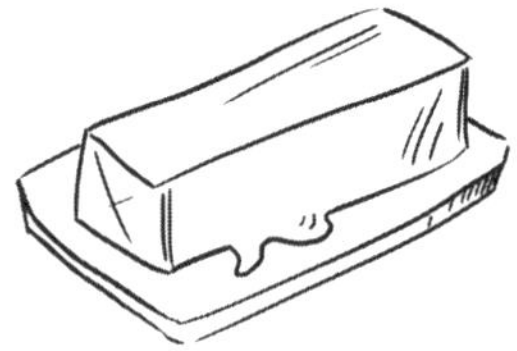

KÄSEMAKKARONI MIT JALAPEÑOS

Für 6–8 Portionen

450 g Makkaroni

2 EL Butter, zerlassen

20 g grobes Panko-Paniermehl

2¼ TL Salz

5 EL Butter

2 Jalapeño-Chilischoten, gehackt (bitte mit Gummihandschuhen anfassen)

5 EL Mehl

625 ml Milch

240 g Käse (Monterey Jack, Gouda oder Bergkäse), gerieben

240 g würziger Cheddarkäse, gerieben

¾ TL schwarzer Pfeffer, frisch gemahlen

1 Den Ofen auf 180 °C (Ober-/Unterhitze) vorheizen.

2 Die Nudeln nach den Packungsangaben bissfest garen.

3 In einer kleinen Schüssel die zerlassene Butter mit dem Paniermehl und ¼ Teelöffel Salz vermengen.

4 In einem mittelgroßen Topf die Butter bei leichter bis mittlerer Hitze erhitzen und die Jalapeño-Schoten andünsten. Das Mehl dazugeben und solange rühren, bis eine gebundene Masse entstanden ist. Die Milch nach und nach unter ständigem Rühren dazugießen und 5 bis 6 Minuten weitererhitzen und rühren, bis die Sauce ganz leicht zu köcheln beginnt. Von der Herdplatte nehmen und 3 Minuten abkühlen lassen. Beide Käsesorten sowie den Pfeffer und das restliche Salz unterrühren.

5 In einer großen Schüssel die Nudeln mit der Käsesauce vermischen. Umrühren, bis die Pasta ganz mit der Sauce überzogen ist und in eine Auflaufform (etwa 23 x 33 Zentimeter) geben. Mit der Paniermehlmischung bestreuen. Für 15 Minuten in den Ofen schieben. Dann den Grill einschalten und 5 Minuten überbacken, bis die Oberfläche goldbraun aussieht. Sofort servieren.

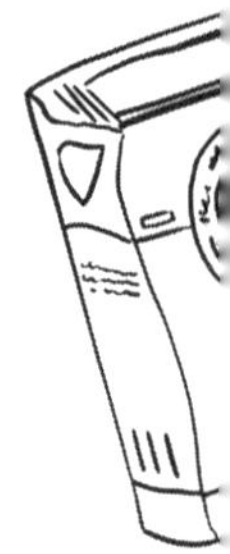

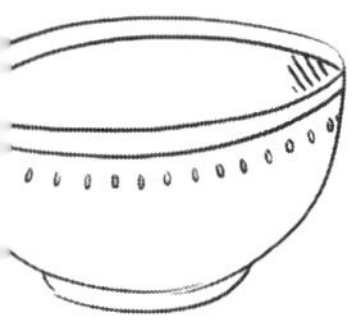

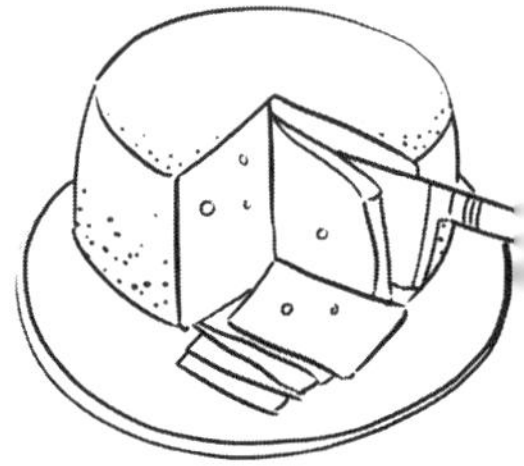

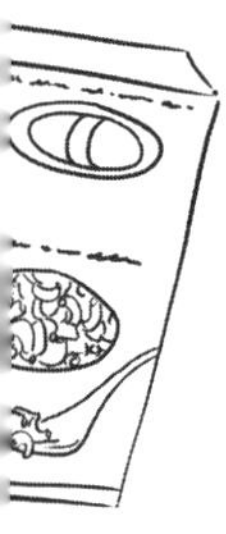

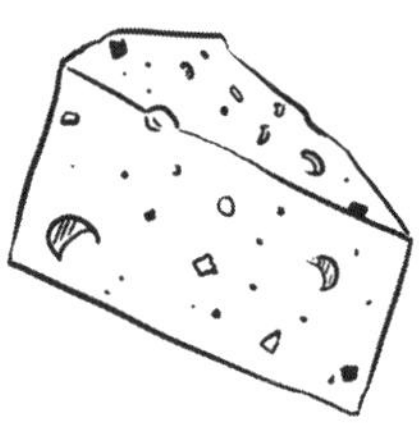

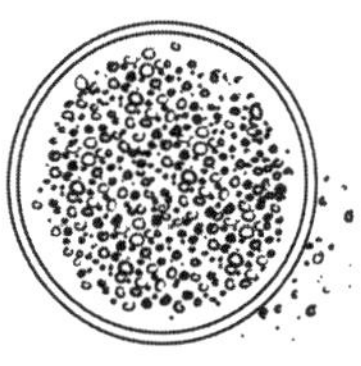

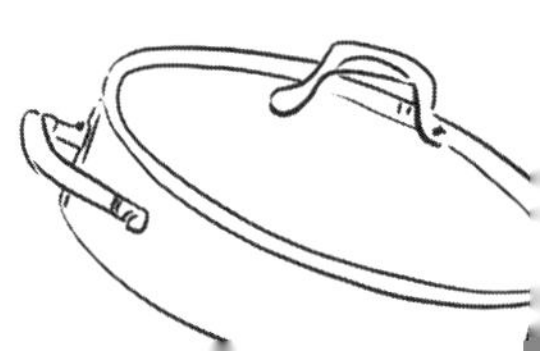

☑ Salzwasser zum Kochen bringen
☑ Makkaroni bissfest kochen
☑ Butter, Paniermehl & Salz in kleiner Schüssel mischen
Scharf!
MEHL
Verquirlen
frische MILCH
☑ Zutaten im Topf vermischen
In die Auflaufform
☑ 15 Min. backen
UND SERVIEREN!

CHAI-LEBKUCHEN-KEKSE

Für 18–24 Stück

FÜR DIE KEKSE

130 g Mehl

¼ TL Backpulver

¼ TL Natron

Salz

1 TL Ingwer, gemahlen

1 TL Zimtpulver

¼ TL Gewürznelken, gemahlen

¼ TL schwarzer Pfeffer, gemahlen

3 EL Butter bei Zimmertemperatur

75 g brauner Zucker

1 großes Eigelb

90 g Honig

2–3 Tropfen Vanillearoma

FÜR DIE EIWEISS-SPRITZGLASUR

250 g Puderzucker, gesiebt

1 großes Eiweiß

2 EL Wasser

Lebensmittelfarbe deiner Wahl

1 *Für die Kekse* in einer mittelgroßen Schüssel das Mehl mit Backpulver, Natron, Salz, Ingwer, Zimt, Nelken und Pfeffer vermengen.

2 In einer großen Schüssel die Butter mit dem braunen Zucker vermischen. Die Mischung mit dem Rührgerät auf einer hohen Stufe cremig rühren. Das Eigelb, den Honig und das Vanillearoma dazugeben und alles gründlich verquirlen. Nun die Mehlmischung dazugeben. Alles auf einer niedrigen Stufe miteinander verrühren. Den Teig in Frischhaltefolie einschlagen und für mindestens 2 Stunden in den Kühlschrank legen, am besten aber über Nacht.

3 Den Ofen auf 180 °C (Ober-/Unterhitze) vorheizen. Ein Backblech mit Backpapier auslegen. Auf der leicht bemehlten Arbeitsfläche den Teig etwa 3 Millimeter dick ausrollen. Die Kekse mit einer Form deiner Wahl ausstechen. Auf das Backblech legen und 7 Minuten backen, bis die Ränder zart goldbraun gefärbt sind. Auf dem Backblech vollständig auskühlen lassen. Die Teigreste erneut durchkneten und den Vorgang wiederholen.

4 *Für die Eiweiß-Spritzglasur* in einer großen Schüssel den Puderzucker, das Eiweiß und das Wasser verrühren. Mit dem Schneebesen des Rührgeräts 5 Minuten auf hoher Stufe durchquirlen, bis eine sämige, glänzende Glasur entstanden ist. Die Lebensmittelfarbe dazugeben und daruntermischen. In einen Spritzbeutel geben und die Kekse nach deinem Geschmack dekorieren.

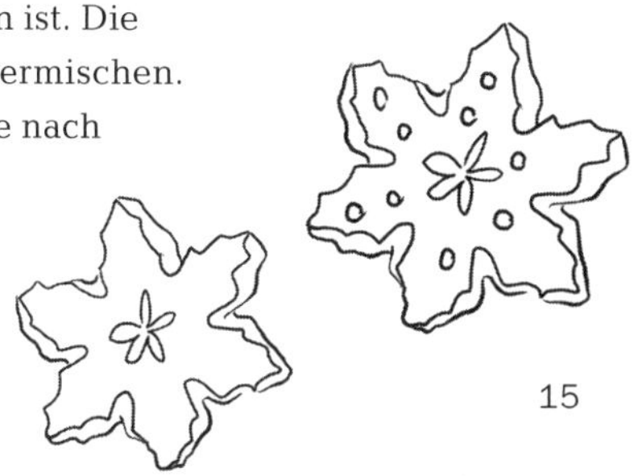

GLÜHBIER

Für 4 Gläser

750 ml einer säuerlichen Biersorte (etwa Berliner Weiße)

gut 3 EL brauner Zucker

½ Bio-Orange in Scheiben

4 Sternanis

8 Gewürznelken

1 Zimtstange

Das Bier mit Zucker, Orangenscheiben, Sternanis, Nelken und Zimt in einem mittelgroßen Topf bei mittlerer Hitze zum Sieden bringen. Den Herd ausschalten und den Deckel auf den Topf legen. Das Bier 10 Minuten ziehen lassen. Unmittelbar vor dem Servieren erneut aufwärmen und in Kaffeebechern ausschenken.

COZY FOOD JOURNAL
Best Coffee
Ingredients

WINTERLICHE ROGGEN-ZITRUS-MUFFINS

Für 10 Stück

FÜR DIE MUFFINS

1 EL abgeriebene Schale von Bio-Zitrusfrüchten (etwa von Blutorangen, Navel-Orangen, Limetten oder Zitronen)

75 g brauner Zucker

90 g weißer Zucker

280 g Weizenmehl

50 g Roggenmehl

1 TL Backpulver

¼ TL Natron

1 TL Salz

250 ml Milch

6 EL Butter, zerlassen und abgekühlt

1 großes Ei

FÜR DIE GLASUR

190 g Puderzucker, gesiebt

2–3 EL Saft von Zitrusfrüchten (etwa Blutorangen, Navel-Orangen, Limetten oder Zitronen)

Zitruszesten zum Garnieren

1 *Für die Muffins* den Ofen auf 180 °C (Ober-/Unterhitze) vorheizen. 10 Mulden eines Muffinblechs mit Papierbackförmchen auslegen.

2 In einer großen Schüssel die Zitrusschalen mit dem braunen und dem weißen Zucker gut vermischen. Beide Mehlsorten, Backpulver, Natron und Salz dazugeben und alles miteinander mischen.

3 In einem großen Messbecher oder einer mittelgroßen Schüssel die Milch mit der Butter und dem Ei verquirlen. In die Mehlmischung eine Mulde drücken und die Milchmischung hineingießen. Beides gerade so lange miteinander verquirlen, bis keine Mehlklümpchen mehr zu sehen sind. Die Papierförmchen bis zum Rand mit Teig füllen.

4 Für 15 bis 20 Minuten in den Ofen schieben, je nach Ofen das Muffinblech nach der Hälfte der Backzeit einmal drehen und backen, bis an einem mittig eingestochenen Holzspieß kein Teig mehr hängen bleibt. Das Blech 5 Minuten abkühlen lassen, dann die Muffins auf ein Kuchengitter legen.

5 *Für die Glasur* in einer mittelgroßen Schüssel den Puderzucker mit dem Zitrussaft zu einer glatten Mischung verquirlen. Die Muffins mit Glasur bestreichen und mit den Zitruszesten garnieren.

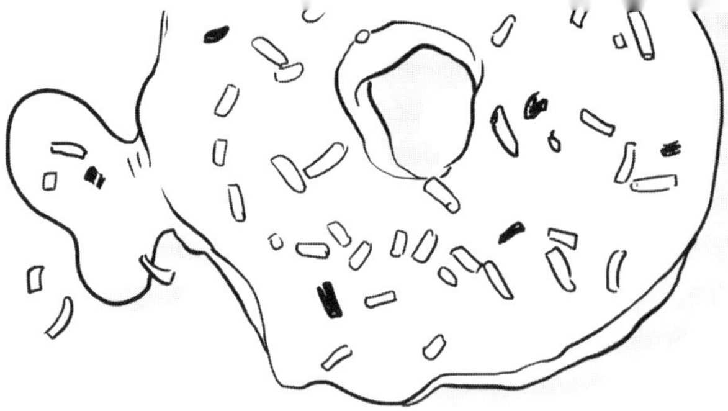

KONFETTI-DONUTS

Für 10 Stück

FÜR DIE DONUTS

220 g Mehl

125 g Zucker

¾ TL Backpulver

¼ TL Natron

¼ TL Salz

125 ml Buttermilch, gut geschüttelt

2–3 Tropfen Vanillearoma

1 großes Ei

60 g Butter, zerlassen und leicht abgekühlt

2 TL bunte Zuckerstreusel + etwas mehr zum Garnieren

FÜR DIE GLASUR

375 g Puderzucker, gesiebt

6 EL Buttermilch

1 *Für die Donuts* den Ofen auf 180 °C (Ober-/Unterhitze) vorheizen. 10 Mulden einer Donutbackform einfetten.

2 In einer mittelgroßen Schüssel Mehl, Zucker, Backpulver, Natron und Salz miteinander vermengen. In einer kleinen Schüssel die Buttermilch mit Vanillearoma, Ei und Butter verquirlen. Zu der Mehlmischung gießen und beides gut miteinander verrühren. Die Zuckerstreusel unterheben.

3 Den Teig in einen großen verschließbaren Gefrierbeutel füllen. Eine Ecke des Beutels abschneiden und den Teig in 10 Mulden spritzen, bis sie etwa zu drei Viertel gefüllt sind. Für 10 bis 12 Minuten in den Ofen schieben, bis sich die Oberfläche der Donuts elastisch anfühlt. In der Form 5 Minuten abkühlen lassen, dann die Donuts aus der Form auf ein Kuchengitter stürzen.

4 *Für die Glasur* in einer mittelgroßen Schüssel den Puderzucker und die Buttermilch zu einer glatten Mischung verquirlen. Ein Donut mit der Oberseite in die Glasur tauchen und sofort mit Zuckerstreuseln verzieren. Mit den übrigen Donuts ebenso verfahren.

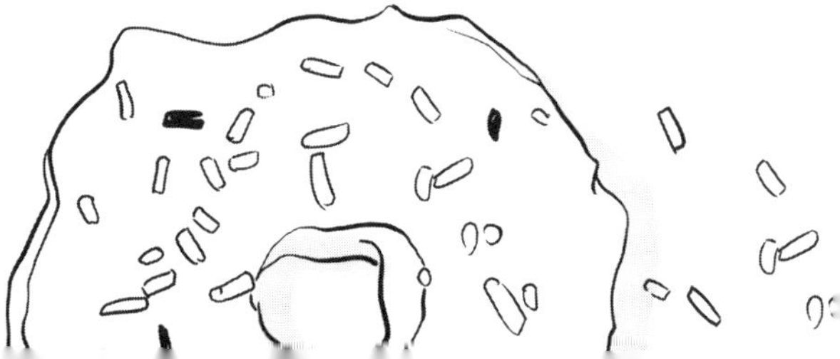

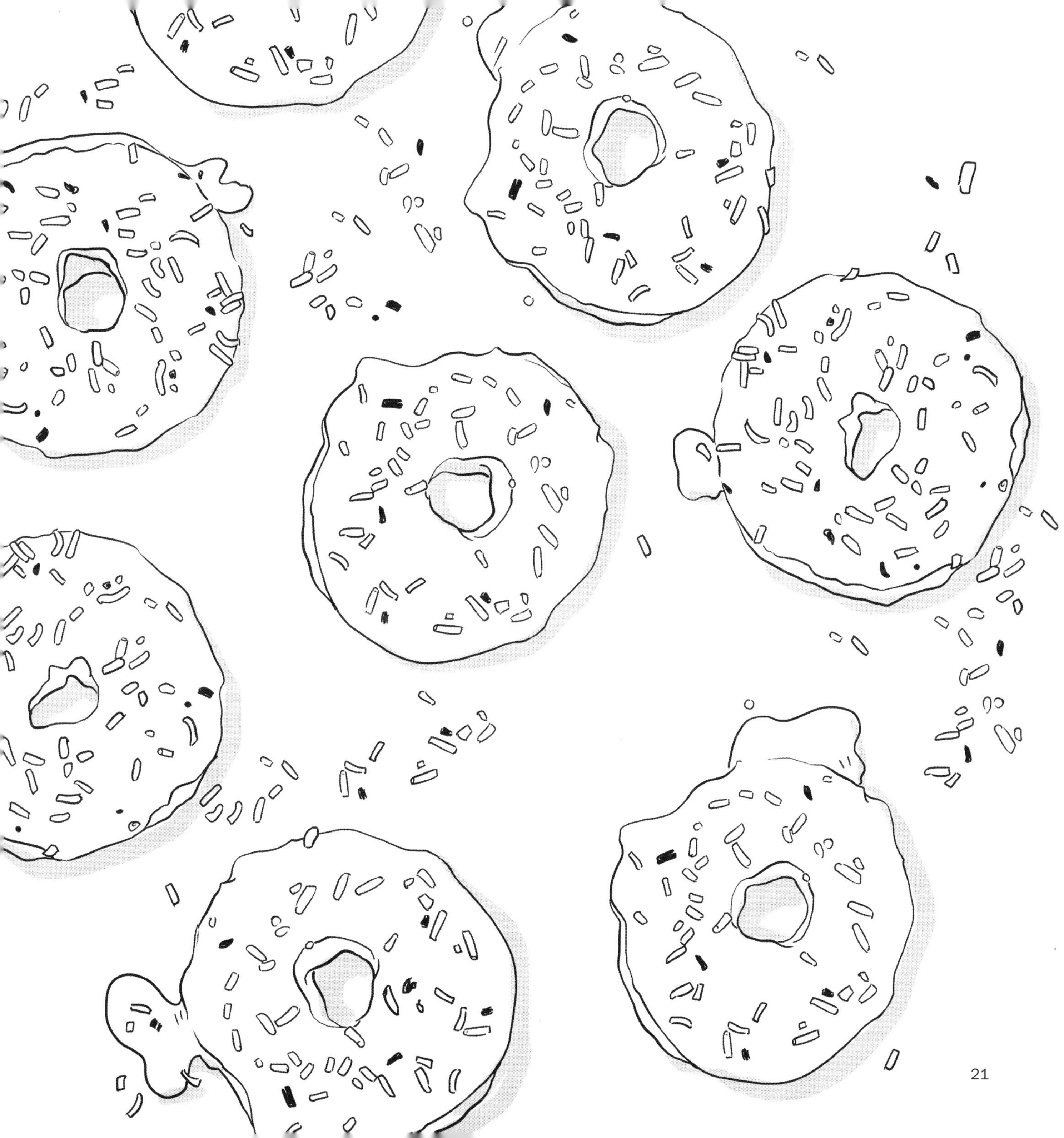

ALLES FÜR EINEN SUPERGEMÜTLICHEN BRUNCH

Knusprige Belgische Waffeln (S. 5)

Saftige Zitronen-Ricotta-Pfannkuchen (S. 32)

1 Schälchen Schlagsahne

Warmer Ahornsirup

Frische Beeren

1 Teller knuspriger Bacon

Orangen- und Grapefruitsaft

Kannenweise Kaffee

Hübsche Tulpen

Deine liebsten Leute

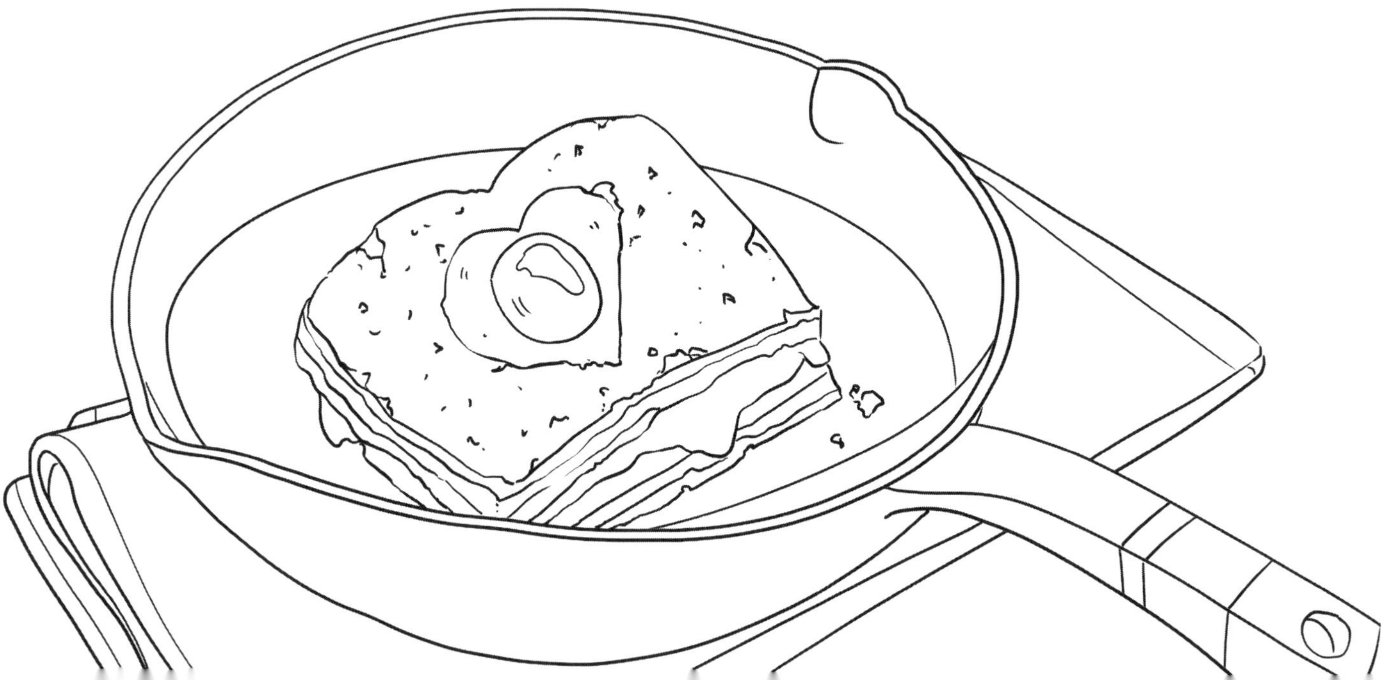

SPIEGELEI-SANDWICH MIT PIZZAKÄSE

Für 1 Portion

2 Scheiben helles Brot oder Toast

1 EL weiche Butter

30 g Cheddar-Käse, gerieben

1 großes Ei

Salz

1 Die Brotscheiben auf einer Seite mit Butter bestreichen. Bei mittlerer Hitze eine Scheibe mit der Butterseite nach unten in eine mittelgroße Bratpfanne legen. Mit Käse bestreuen. Darauf, mit der Butterseite nach oben, die zweite Scheibe legen. Etwa 1 Minute braten, bis sich die Unterseite goldbraun gefärbt hat.

2 Mit einem Pfannenwender das Sandwich auf ein Schneidebrett legen. Mit einem Ausstechförmchen ein herzförmiges Loch in die Mitte stechen. Das Sandwich mit der ungebratenen Seite nach unten zurück in die Pfanne legen. Das Ei aufschlagen und in die Mitte geben. Die Hitze herunterschalten und den Deckel auf die Pfanne legen. Etwa 10 bis 12 Minuten garen, bis das Eiweiß gestockt ist. Das Ei nach Geschmack mit Salz bestreuen.

Kurz gegarte zitronige Artischocken

Für 4 Portionen

3 Artischocken

2 EL Olivenöl

Paprikaflocken, zerdrückt

3 Knoblauchzehen, fein gehackt

abgeriebene Schale und Saft von einer Bio-Zitrone

1 EL glatte Petersilie, fein gehackt

Salz

1 Von den Artischocken den Stiel und die äußeren Blätter abschneiden. Halbieren, den faserigen Innenteil herauskratzen und entsorgen. Die Ränder erneut entfernen und das Herz (den Boden) in Scheiben schneiden. Die Scheiben in eine Schale Wasser mit etwas Zitronensaft legen, damit sie sich nicht verfärben.

2 Wasser in einem Topf bei mittlerer Hitze zum Kochen bringen. Die Artischockenscheiben hineingeben und 2 bis 3 Minuten garen, bis sie weich sind. Abgießen.

3 In einer großen Bratpfanne das Öl bei mittlerer Hitze erwärmen und nach Geschmack Paprikaflocken dazugeben. Darin die Artischockenscheiben 1 bis 2 Minuten unter häufigem Rühren garen. Knoblauch, Zitronenschale und -saft sowie die Petersilie dazugeben und alles nach Geschmack mit Salz würzen. 5 Minuten garen, bis die Scheiben ganz zart sind. Mit etwas Salz abschmecken.

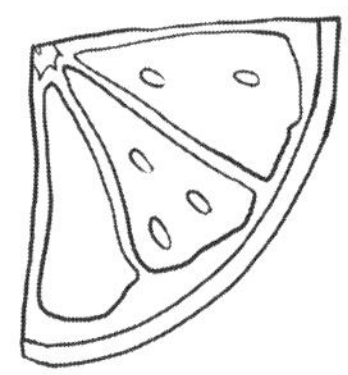

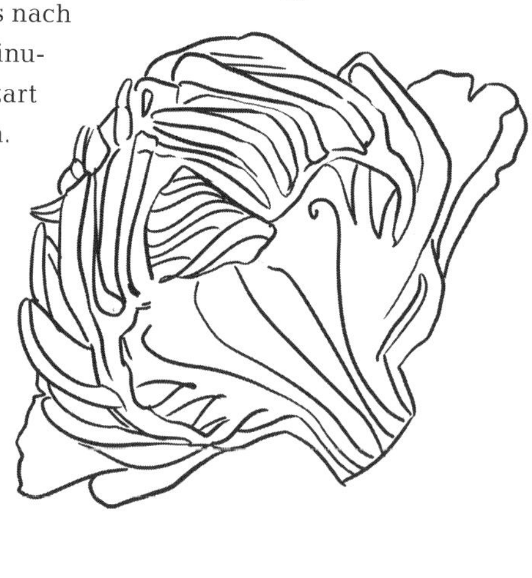

Olivenöl

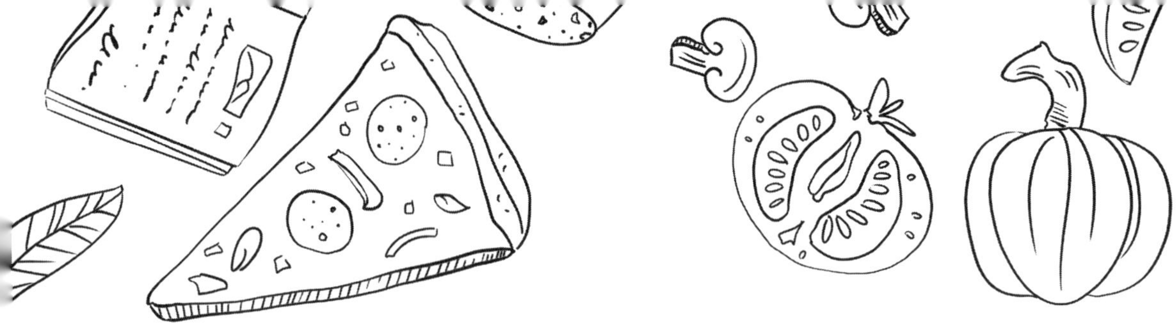

FRÜHSTÜCKSPIZZA

Für 2 Portionen

1 Salsiccia (italienische Bratwurst, 90 g), gepellt und zerteilt

450 g fertiger oder selbstgemachter Pizzateig bei Zimmertemperatur

1 EL Olivenöl

2 Knoblauchzehen, fein gehackt

90 g Mozzarella, gerieben

½ rote Paprika, in Streifen geschnitten

1 großes Ei

2–3 Halme Schnittlauch, klein geschnitten, zum Garnieren

1 Den Ofen auf 260 °C (Ober-/Unterhitze) vorheizen. Ein Backblech mit Alufolie oder Backpapier auslegen.

2 In einer kleinen Bratpfanne auf mittlerer Hitze die Wurststückchen 5 Minuten anbräunen. Vom Herd nehmen und beiseitestellen.

3 Den Teig zu einem runden Fladen von etwa 30 Zentimetern Durchmesser ausrollen oder auseinanderziehen. Mit dem Öl bepinseln und überall mit Knoblauch bestreuen. Mit dem Käse, der Paprika und den angebratenen Wurststückchen belegen. Das Ei aufschlagen und in die Mitte geben. 10 bis 12 Minuten backen, bis die Ränder goldbraun geworden sind und das Ei gestockt ist. Mit Schnittlauch garnieren.

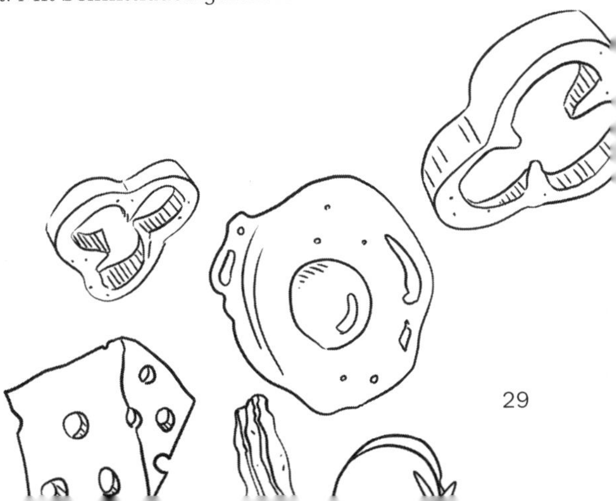

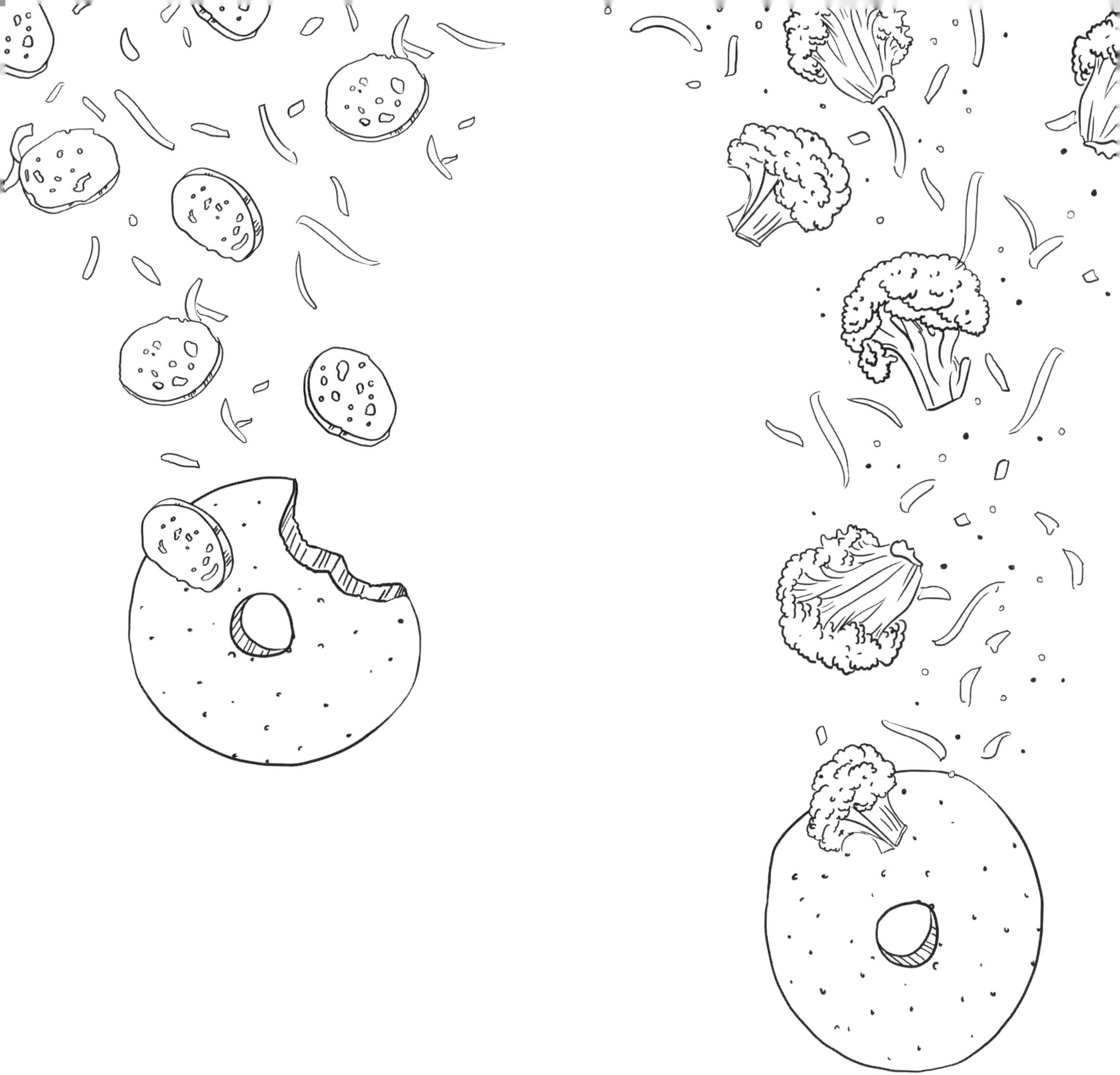

PIZZA-BAGELS

Für 8 Stück

FÜR DIE BAGELS

4 Bagels, halbiert

190 ml Tomatensauce

125 g Mozzarella, gerieben

FÜR DEN BELAG »HAWAII«:

2 Scheiben Bacon, gebraten

50 g Ananasstückchen, frisch oder aus der Dose

FÜR DEN BELAG »PEPERONI«:

60 g Mozzarella, gerieben

50 g Peperoniwurst oder Chorizo, klein geschnitten

FÜR DEN BELAG »CHEDDAR-BROKKOLI«:

30 g Cheddar-Käse, gerieben

1 Handvoll Brokkoliröschen, klein gehackt

schwarzer Pfeffer, frisch gemahlen

FÜR DEN BELAG »FUNGHI-PAPRIKA«:

2–3 Champignons, in Scheiben geschnitten

¼ Paprikaschote, in Streifen geschnitten

1 Den Ofen auf 280 °C (Ober-/Unterhitze) vorheizen. Ein Backblech mit Backpapier oder Alufolie auslegen.

2 Die Bagelhälften mit der aufgeschnittenen Seite nach oben auf das Blech legen und die Tomatensauce darauf verteilen. Mit dem Mozzarella bestreuen. Den »Hawaii«-Belag auf 2 Bagelhälften aufteilen. Ebenso mit den anderen Belagvarianten verfahren, sodass von jeder Sorte zwei Stück entstehen.

3 Im Ofen 10 bis 12 Minuten überbacken, bis der Käse ganz geschmolzen ist.

SAFTIGE ZITRONEN-RICOTTA-PFANNKUCHEN

Für 4 Portionen

160 g Mehl

3 EL Zucker

1 EL Backpulver

¼ TL Salz

200 ml Milch

125 g Ricotta

1 großes Ei

abgeriebene Schale von 1 Bio-Zitrone

2–3 Tropfen Vanillearoma

1 EL zerlassene Butter, abgekühlt

1 In einer großen Schüssel das Mehl mit dem Zucker, dem Backpulver und dem Salz vermengen.

2 In einem großen Messbecher die Milch mit Ricotta, Ei, Zitronenschale, Vanillearoma und Butter verquirlen. Zu der Mehlmischung geben und zu einer homogenen Mischung verrühren.

3 Eine mittelgroße beschichtete Bratpfanne einfetten und auf unterer mittlerer Hitze erwärmen. Für die Pfannkuchen den Teig portionsweise mit einer kleinen Kelle in die Pfanne geben, etwa 4 Minuten backen und dabei einmal wenden, bis sie auf beiden Seiten goldbraun sind. Mit dem restlichen Teig ebenso verfahren.

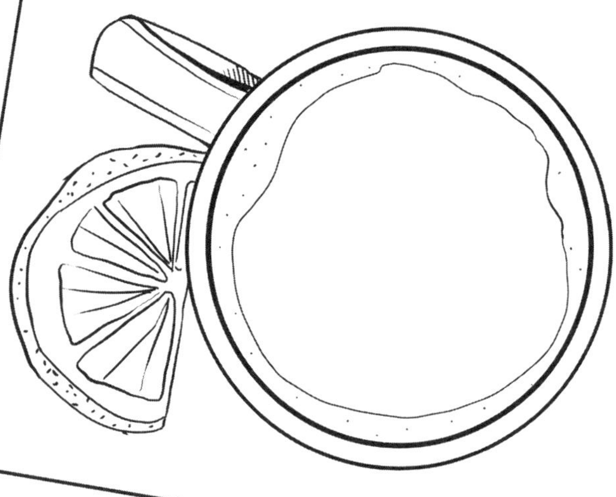

SCHOKO-CUPCAKES MIT GLASUR-VARIATIONEN

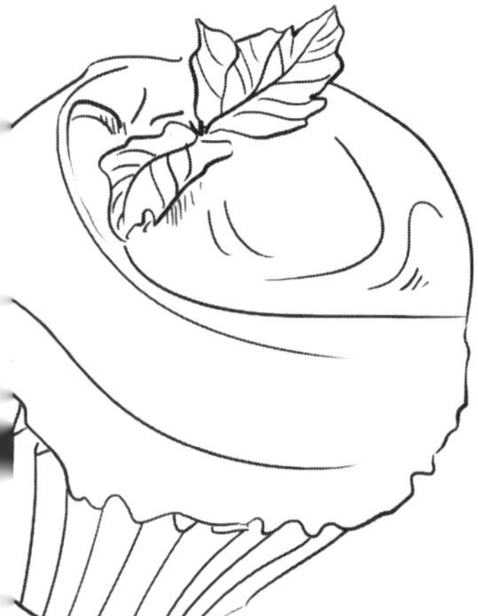

Für 12 Cupcakes

FÜR DIE FRISCHKÄSEGLASUR

150 g Frischkäse bei Zimmertemperatur

4 EL Butter bei Zimmertemperatur

2 EL Puderzucker, gesiebt

1 Prise Salz

FÜR EINE ERDBEERGLASUR

2 EL Erdbeermarmelade

FÜR EINE KAFFEEGLASUR

2 TL lösliches Espressopulver

1 TL heißes Wasser

FÜR EINE PFEFFERMINZGLASUR

1–2 Tropfen Pfefferminzaroma

2 Tropfen grüne Lebensmittelfarbe

AUSSERDEM

12 Schoko-Cupcakes nach dem Rezept auf Seite 85

1 *Für die Frischkäseglasur* in einer großen Schüssel den Frischkäse mit der Butter verrühren. Die Mischung mit dem Rührgerät auf einer hohen Stufe 2 Minuten schlagen, bis sie leicht und locker geworden ist. Den Puderzucker und das Salz hinzugeben und etwa 1 Minute weiterrühren, bis eine glatte Mischung entstanden ist.

2 *Für die Erdbeerglasur* die Erdbeermarmelade zu der fertigen Frischkäseglasur hinzugeben und gründlich untermischen. Für 10 Minuten in den Kühlschrank stellen, damit die Glasur etwas fester wird.

3 *Für die Kaffeeglasur* in einer kleinen Schale das Espressopulver mit dem Wasser vermischen. Umrühren, bis das Espressopulver sich aufgelöst hat. Zur fertigen Frischkäseglasur hinzugeben und rühren, bis alles gut durchgemischt ist. Für 10 Minuten in den Kühlschrank stellen, damit die Glasur etwas fester wird.

4 *Für die Pfefferminzglasur* das Pfefferminzaroma und die Lebensmittelfarbe zur fertigen Frischkäseglasur dazugeben. Kräftig schlagen, bis alles gut durchgemischt ist. Für 10 Minuten in den Kühlschrank stellen, damit die Glasur etwas fester wird.

5 Die Cupcakes nach Wunsch mit der Glasur deiner Wahl verzieren.

Glasur anrühren ...

Erdbeerglasur

– Marmelade dazu und für 10 Minuten kalt stellen

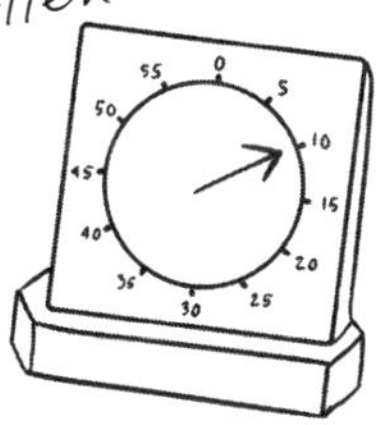

Kaffeeglasur

– Lösliches Espressopulver mit heißem Wasser in eine

– zur Glasur dazu!

Pfefferminzglasur

– Pfefferminzaroma und Lebensmittelfarbe zur Glasur und mixen!

Olivenöl

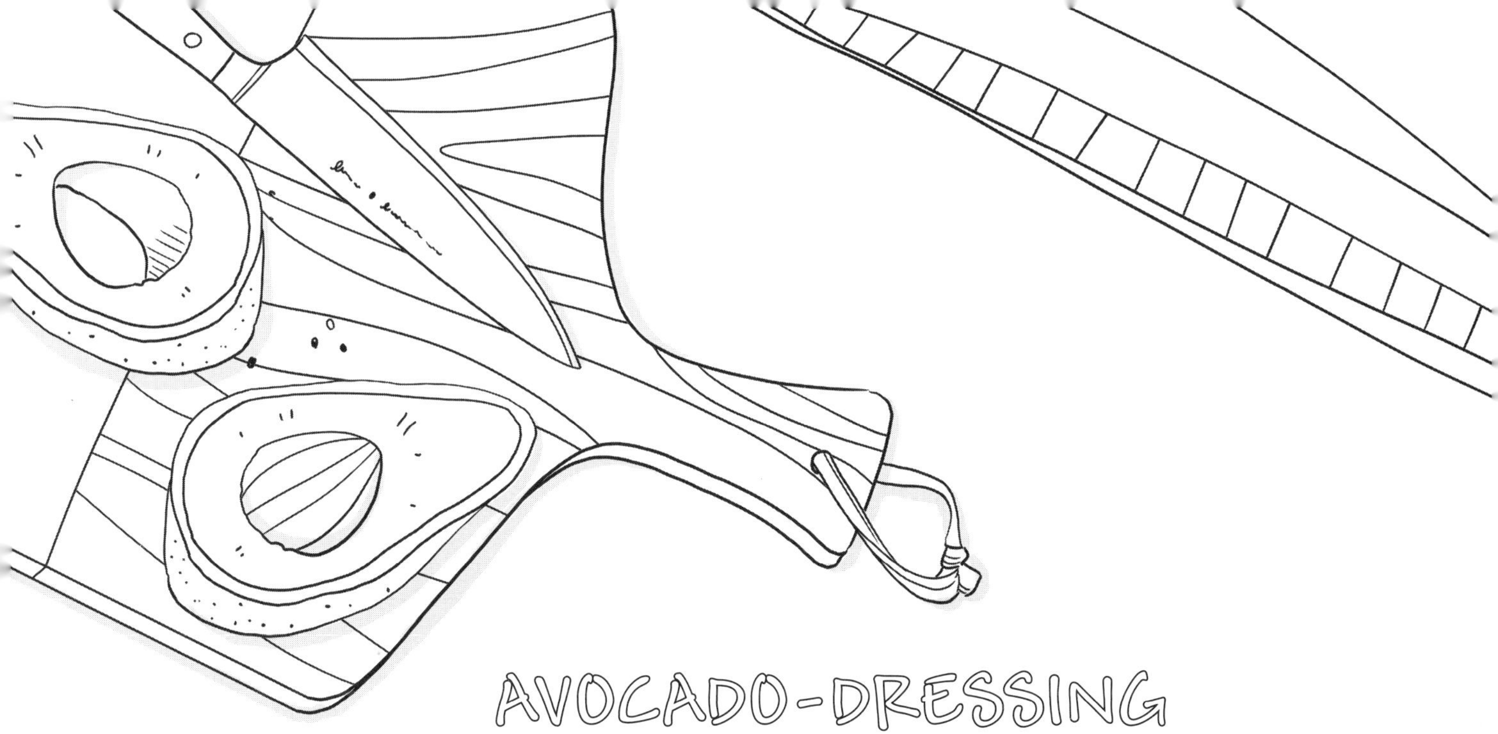

AVOCADO-DRESSING

Für 375 ml

125 ml Wasser

60 ml Olivenöl

Saft von 1 Zitrone

1 Avocado, halbiert, entkernt und geschält

2 Frühlingszwiebeln, klein gehackt

1 Knoblauchzehe, geschält

1 Prise rote Paprikaflocken, zerdrückt

½ TL Salz

Wasser, Öl, Zitronensaft, Avocado, Frühlingszwiebeln, Knoblauch, Paprikaflocken und Salz im Mixer zu einer feinen, glatten Mischung verarbeiten. Dieses Dressing über deine Lieblingssalate geben oder auf Hühnchen oder Gemüse servieren – so lecker!

FRÜHLINGSHAFTES ERBSENPESTO MIT EIGELB

Für 4 Portionen

1 TL + 80 ml Olivenöl

3 Knoblauchzehen, fein gehackt

3 Frühlingszwiebeln, in Scheibchen geschnitten

80 g Tiefkühlerbsen, aufgetaut + ein paar weitere zum Dekorieren

1 TL Salz

1 Prise rote Paprikaflocken + etwas mehr zum Dekorieren

70 g geriebener Parmesan + etwas mehr zum Dekorieren

abgeriebene Schale von 1 Bio-Zitrone

1 Handvoll geröstete Sonnenblumenkerne

450 g Bucatini oder andere Nudeln

4 große sehr frische Eigelb

1 *Für das Erbsenpesto* in einer kleinen Pfanne 1 Teelöffel Olivenöl bei mittlerer Hitze erwärmen. Darin den Knoblauch und die Frühlingszwiebeln unter häufigem Rühren etwa 1 Minute anschwitzen, bis sie weich geworden sind. Im Mixer die Knoblauch-Zwiebel-Mischung mit aufgetauten Erbsen, Salz, Paprikaflocken, Parmesan, Zitronenschale, Sonnenblumenkernen und 80 Milliliter Öl zu einer glatten Mischung pürieren.

2 Die Nudeln nach den Packungsangaben garen. Vor dem Abgießen 125 Milliliter Nudelwasser aus dem Topf schöpfen. Nach dem Abgießen die Nudeln zurück in den Topf geben und das Pesto untermischen. Dabei, falls nötig, ein wenig von dem Nudelwasser dazugeben, um die Sauce etwas zu verflüssigen.

3 Die Nudeln auf 4 Teller verteilen und in die Mitte jeder Portion eine Mulde drücken. Ein Eigelb in jede Mulde geben und mit einer Handvoll Erbsen (nach Belieben warm oder kalt), etwas Parmesan und roten Paprikaflocken garnieren.

FEENBROT MIT HONIGBUTTER

Für 4 Portionen

250 g Butter bei Zimmertemperatur

2 EL Honig

½ TL Salz

4 Scheiben Weißbrot, leicht getoastet

2 EL Zuckerstreusel in Regenbogenfarben

In einer kleinen Schüssel die Butter mit dem Honig und dem Salz zu einer glatten Mischung verrühren. Die Brotscheiben mit einer dünnen Schicht Honigbutter bestreichen und dann mit den Zuckerstreuseln bestreuen. Das Brot diagonal halbieren und servieren.

Hinweis: **Dieses Rezept ergibt mehr Honigbutter als benötigt – das ist aber in Ordnung … Die Honigbutter hält sich im Kühlschrank zwei Wochen.**

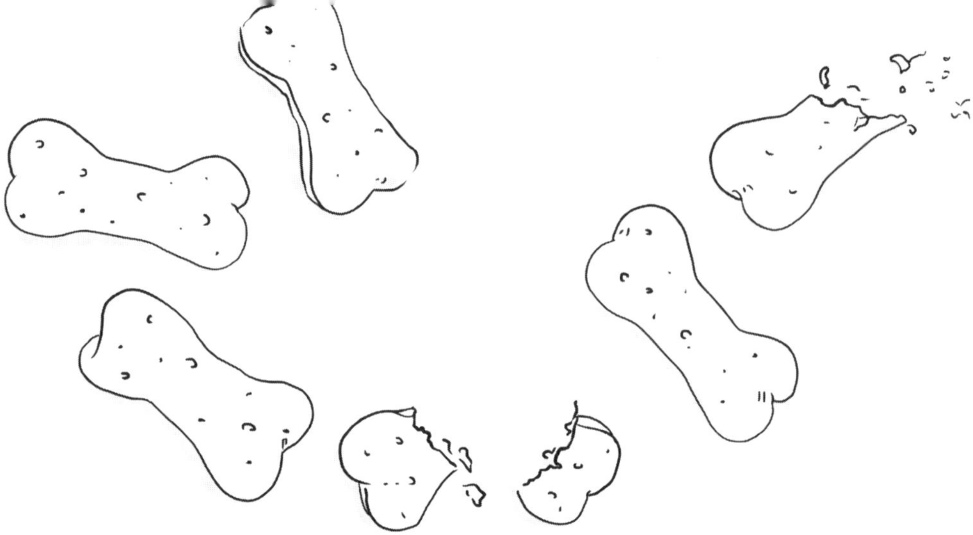

HUNDEKEKSE FÜR AMELIA

Für ca. 12 Portionen (abhängig von der Größe deines Ausstechers)

1 Banane, zerdrückt

2½ EL Erdnussbutter

1 großes Ei

260 g Kichererbsenmehl

1 Den Ofen auf 180 °C (Ober-/Unterhitze) vorheizen. Ein Backblech mit Backpapier auslegen.

2 In einer kleinen Schüssel die Banane mit der Erdnussbutter und dem Ei vermischen. Das Kichererbsenmehl hinzugeben und alles gut miteinander verrühren.

3 Die Arbeitsfläche und das Nudelholz gut mit Mehl bestreuen, denn dieser Teig klebt höllisch. Den Teig gut 6 Millimeter dick ausrollen. Nun mit deiner Lieblingsausstechform Kekse ausstechen. Die Reste verkneten, erneut ausrollen und weitere Kekse ausstechen. Die Leckerli auf dem Backblech verteilen und 30 Minuten backen, bis sie goldbraun geworden sind.

Brotscheiben
Zitrone
Rote Paprika-flocken
Meer salz
Avocado
Knoblauch
Olivenöl

TOAST MIT GEHOBELTER AVOCADO

Für 2 Portionen

½ Avocado, halbiert, entkernt und geschält

½ Zitrone

2 Scheiben helles Brot oder Toastbrot

1 Knoblauchzehe, geschält

1 TL Olivenöl

1 Prise Meersalz

1 Prise rote Paprikaflocken, zerdrückt

1 Die Avocado mit einem Sparschäler in dünne Scheiben hobeln. Etwas Zitronensaft über die Avocadoscheiben pressen.

2 Das Brot toasten. Mit der Knoblauchzehe abreiben und mit dem Öl bestreichen. Den Toast mit Avocadoscheiben belegen. Mit Salz und roten Paprikaflocken bestreuen.

SCHOKO-MATCHA-KEKSE

Für 44 Stück

FÜR DIE KEKSE

360 g Mehl

30 g Speisestärke

¼ TL Backpulver

¼ TL Salz

185 g Zucker

125 g Butter bei Zimmertemperatur

2 große Eier

190 ml Milch

2–3 Tropfen Vanillearoma

FÜR DIE MATCHAGLASUR

125 g Puderzucker, gesiebt

1 TL Matchapulver

1–2 EL heißes Wasser

1 TL brauner Reissirup oder heller Maissirup

FÜR DIE SCHOKOGLASUR

120 g Vollmilch-Schokostückchen

2 EL Butter

2 TL brauner Reissirup oder heller Maissirup

1 Prise Salz

1 *Für die Kekse* den Ofen auf 180 °C (Ober-/Unterhitze) vorheizen. Ein Backblech mit Backpapier auslegen.

2 In einer großen Schüssel Mehl, Speisestärke, Backpulver und Salz miteinander vermengen.

3 Den Zucker und die Butter in eine zweite Schüssel geben und mit dem Rührgerät auf höchster Stufe schlagen, bis die Mischung blassgelb und schaumig geworden ist. Die Eier, die Milch und das Vanillearoma dazugeben und alles gut miteinander verrühren. Die Mehlmischung dazugeben und weiterrühren, bis alles vermischt ist.

4 Mit einem Eisportionierer Teigportionen in Abständen auf das Backblech geben und vorsichtig flachdrücken. Für 15 Minuten auf die mittlere Schiene in den Ofen schieben und backen. Mit dem übrigen Teig ebenso verfahren.

5 *Für die Matchaglasur* in einer kleinen Schüssel Puderzucker, Matchapulver, Wasser und Sirup zu einer glatten Mischung verquirlen.

6 *Für die Schokoglasur* in einer kleinen mikrowellentauglichen Schüssel die Schokostückchen mit der Butter vermischen. Auf einer hohen Stufe für 1 Minute in die Mikrowelle stellen, bis beides geschmolzen ist, unterdessen einmal umrühren. Den Sirup und das Salz untermischen.

7 Die ausgekühlten Kekse auf einer Hälfte mit der Matchaglasur und auf der anderen Hälfte mit der Schokoglasur bestreichen.

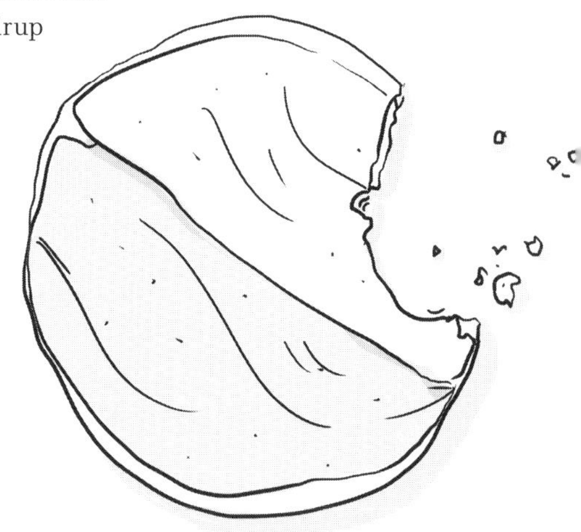

MEHL
BACKPULVER
ARM & HAMMER

ERDBEER-RHABARBER-PASTETE MIT BRAUNEM ZUCKER

Für 1 Pastete (ca. 23 cm Durchmesser)

1 fertig gekaufte Pastete ohne Füllung oder Pastetenteig nach dem Rezept auf S. 86

450 g Erdbeeren, geputzt und in Scheiben geschnitten

450 g Rhabarber, geputzt und in 1 cm lange Stücke geschnitten

90 g brauner Zucker

30 g Speisestärke

2–3 Tropfen Vanillearoma

1 Prise Salz

1 großes Ei + 1 TL Wasser zum Bestreichen

1 Die erste Teigplatte aus dem Kühlschrank nehmen und in etwa 10 Minuten Zimmertemperatur annehmen lassen.

2 Erdbeeren, Rhabarber, Zucker, Stärke, Vanillearoma und Salz in eine mittelgroße Schüssel geben. Umrühren, bis alles gut vermischt ist, und ziehen lassen, während die Pastete zubereitet wird.

3 Den selbstgemachten Teig auf gut bemehlter Arbeitsfläche zu einem Kreis mit etwa 33 Zentimetern Durchmesser ausrollen und dabei immer wieder drehen, damit er nicht festklebt. Den Teig um das Nudelholz wickeln und über einer Pastetenform (mit 23 Zentimetern Durchmesser) ausbreiten. Den fertigen Teig vorsichtig in die Pastetenform legen. Den Teig rings um die Form abschneiden und dabei etwa 4 Zentimeter Rand überstehen lassen. Die Füllung hineingeben und die Pastete ins Tiefkühlfach stellen.

4 Die zweite Teigscheibe aus dem Kühlschrank nehmen und Zimmertemperatur annehmen lassen. Selbstgemachten Teig wie bei der ersten Teigmenge ausrollen. Nach Wunsch dekorieren. Man kann mit einem Keksausstecher Herzen ausstechen, Teigstreifen zurechtschneiden und daraus Zopf-Ornamente flechten (wie ich es gemacht habe) oder ein einfaches Gitternetzmuster legen – der Fantasie sind keine Grenzen gesetzt.

5 Die Pastete mit ihrem Deckel verschließen und 30 Minuten zurück ins Tiefkühlfach stellen, bis sie ganz durchgekühlt ist. Den Ofen auf 200 °C (Ober-und Unterhitze) vorheizen. In einer kleinen Schüssel das Ei mit dem Wasser verquirlen. Die Pastete aus dem Tiefkühlfach nehmen, den Deckel mit der Eimischung bestreichen und die Pastete auf ein Backblech stellen. 30 Minuten backen und mit Alufolie abdecken, falls die Oberseite zu braun wird. Die Hitze auf 180 °C (Ober-/Unterhitze) reduzieren und 30 bis 40 Minuten weiterbacken, bis der Deckel goldbraun ist und die Erdbeer-Rhabarbermischung köchelt. Vor dem Anschneiden 2 Stunden auskühlen lassen.

CALIFORNIA BOWL

Für 1 Portion

250 g Quinoa oder brauner Reis, gegart

½ Avocado, in Scheiben geschnitten

1 Handvoll Spinat- oder Kohlblätter, in Avocadodressing gewendet (siehe S. 37)

Ein paar Löffel kurz gegarte zitronige Artischocken (siehe S. 26)

2–3 Scheiben Wassermelonenrettich

2 Eier, hartgekocht, gepellt und geviertelt

Salz

Sesamsamen zum Garnieren

In einer Schale zuerst die Quinoa oder den Reis anrichten. Darauf Avocado, Spinat oder Kohl, Artischocken, Rettich und Eier geben. Nach Geschmack salzen und mit den Sesamsamen garnieren.

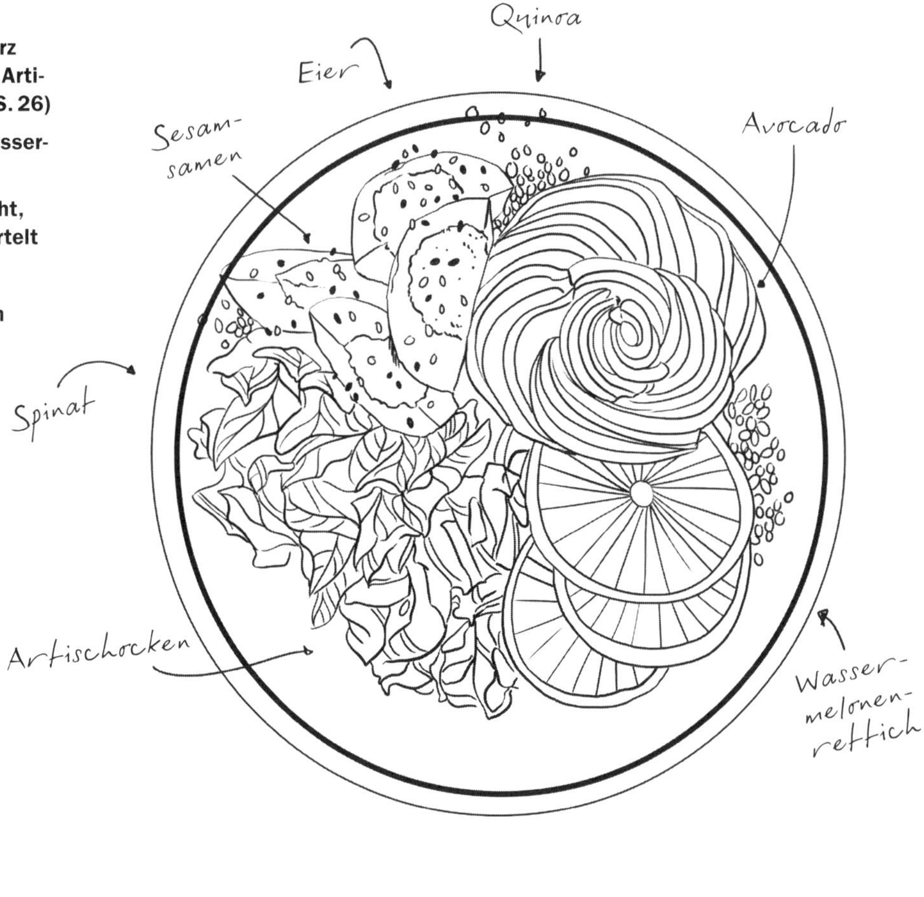

HOLLYWOOD
66
BEVERLY HILLS
N
W
O
S

MARACUJA-RADLER

Für 1 Glas

2 EL Zuckersirup

1 Maracuja, halbiert, das Fruchfleisch ausgelöst

Eiswürfel

1 Dose Pils (0,33 l), eisgekühlt

In einem Glas den Sirup und das Fruchtfleisch der Maracuja miteinander verrühren. Eine Handvoll Eiswürfel dazugeben und mit dem Bier aufgießen.

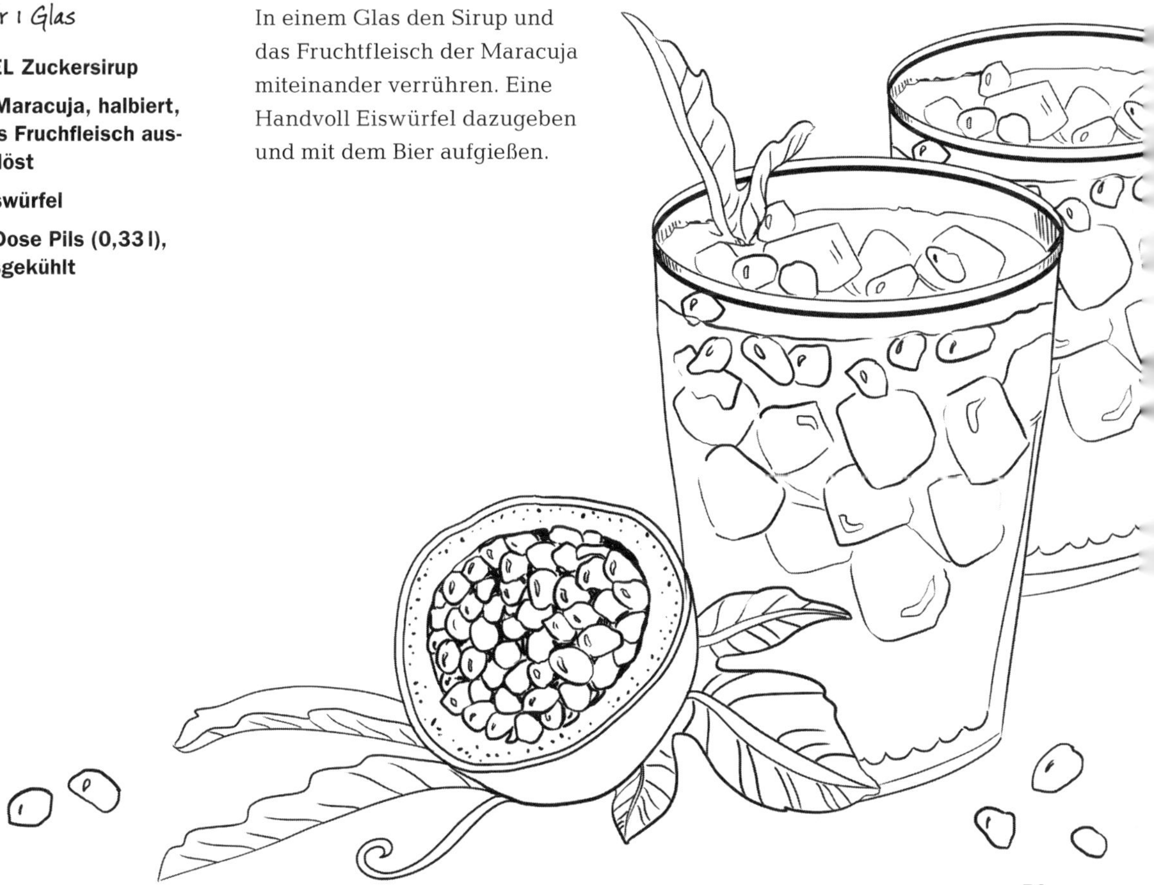

POPCORN MIT MATCHA UND WEISSER SCHOKOLADE

Für 6 Portionen

1 EL Kokosöl oder Olivenöl

60 g Popcornmais

180 g weiße Schokostückchen

1 TL Matchapulver

1 TL schwarze Sesamsamen

¼ TL Salz

1 Ein Backblech mit Backpapier auslegen.

2 Das Öl und die Maiskörner bei mittlerer Hitze in einen mittelgroßen Topf geben. Den Deckel auflegen und den Mais erwärmen, ab und zu den Topf schütteln, bis die Maiskörner geplatzt sind. Das Popcorn auf das Backblech geben.

3 In einer kleinen mikrowellengeeigneten Schüssel die Schokolade auf einer hohen Stufe für 1 Minute erwärmen und nach 30 Sekunden einmal umrühren. Zu einer sehr glatten Masse aufschlagen. Das Matchapulver durch ein Sieb dazugeben und beides gründlich miteinander verrühren. Die Schokoladenmischung über das Popcorn geben und das Blech schwenken, bis das Popcorn gleichmäßig mit Schokolade überzogen ist. Mit Sesamsamen und Salz bestreuen. Für 30 Minuten kalt stellen, bis die Schokolade fest geworden ist.

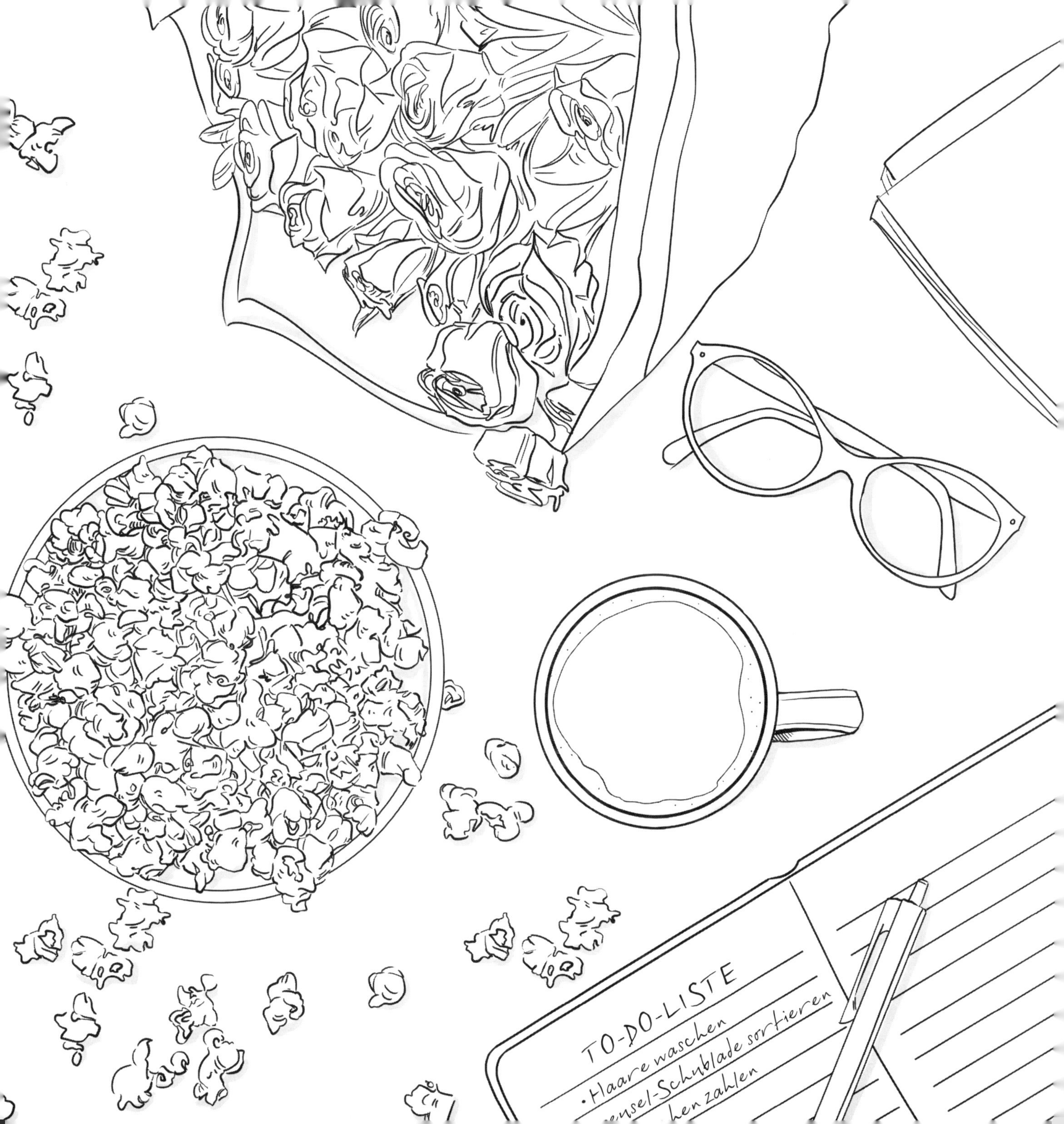
TO-DO-LISTE
•Haare waschen
ensel-Schublade sortieren
hen zahlen

TEATIME MIT AMELIA

Für 4–6 Portionen

FÜR DEN EIERSALAT

3 EL Mayonnaise

1 EL Schnittlauch, frisch gehackt

½ TL Madras-Currypulver

Salz

Pfeffer

4 Eier, hartgekocht, gepellt und gewürfelt

½ Granny-Smith-Apfel, fein gewürfelt

Weiches Weißbrot zum Servieren

FÜR DEN RASSSANTEN PIMENT-KÄSE

1 Knoblauchzehe, geschält

1 kleine Gewürzgurke

120 g Cheddar-Käse, gerieben

60 g Käse (Monterey Jack, mittelalter Gouda oder Bergkäse), gerieben

1 Glas eingelegte Pimentkörner (120 g), abgegossen

½ TL Chilisauce

2 EL Mayonnaise

Weiches Weißbrot zum Servieren

FÜR DAS SMÖRREBRÖD MIT RÄUCHERLACHS

90 g Frischkäse

1 EL Schnittlauch, frisch gehackt

1 TL Dill, frisch gehackt + etwas mehr zum Garnieren

Salz und Pfeffer nach Belieben

Roggenbrot zum Servieren

60 g Räucherlachs in Scheiben

1 rote Zwiebel, in feine Scheiben geschnitten, zum Garnieren

WAS MAN SONST NOCH BRAUCHT

Earl Grey oder English Breakfast Tea

Kaffeesahne

Zuckerwürfel

Frisches Obst

Hundekekse (siehe S. 42)

1 *Für den Eiersalat* in einer kleinen Schüssel die Mayonnaise mit dem Schnittlauch, dem Currypulver, einer Prise Salz und etwas Pfeffer verrühren. Die Eier und den Apfel unterheben und alles gründlich umrühren, bis sie ganz mit der Mayonnaise überzogen sind. Mit Salz abschmecken.

2 *Für den Piment-Käse* die Knoblauchzehe mit der Gewürzgurke in die Küchenmaschine geben und fein hacken. Die beiden Käsesorten, Piment, Chilisauce und Mayonnaise dazugeben und zu einer relativ glatten Mischung verarbeiten.

3 *Um die Eiersalat- und Piment-Käse-Sandwiches zu belegen*, einen Klecks des Belags in die Mitte einer Weißbrotscheibe geben und zu einer gleichmäßigen Schicht verstreichen. Mit einer zweiten Scheibe bedecken und die Ränder abschneiden. Mit dem übrigen Belag sowie dem Brot ebenso verfahren.

4 *Für das Smörrebröd* in der Küchenmaschine den Frischkäse mit dem Schnittlauch, dem Dill und je einer Prise Salz und Pfeffer miteinander verrühren.

5 *Um das Smörrebröd zu belegen*, eine Brotscheibe mit 1 bis 2 Teelöffeln der Frischkäsemischung bestreichen. Mit ein paar Scheiben Räucherlachs belegen und ein paar Scheiben rote Zwiebel und einige Dillspitzen darüberstreuen.

RHABARBER-LIMONADE

Für 6–8 Gläser (etwa 2,3 l)

230 g Rhabarber, in Stücke geschnitten

250 g Zucker

1,75 l Wasser

250 ml frischer Zitronensaft

Zitronenscheiben zum Garnieren

1 In einem mittelgroßen Topf den Rhabarber mit dem Zucker und 250 Millilitern Wasser bei mittlerer Hitze erwärmen. Den Deckel auflegen und den Inhalt 10 Minuten simmern lassen, bis der Rhabarber ganz weich gekocht ist. Durch ein Sieb passieren. Das Rhabarbermus wegwerfen und den entstandenen Sirup weiterverarbeiten.

2 In einer 2,5-Liter-Karaffe den Rhabarbersirup mit dem Zitronensaft und den übrigen 1,5 Litern Wasser vermischen. Gut umrühren. 2 Stunden im Kühlschrank kalt stellen. Auf Eis und mit Zitronenscheiben garniert servieren.

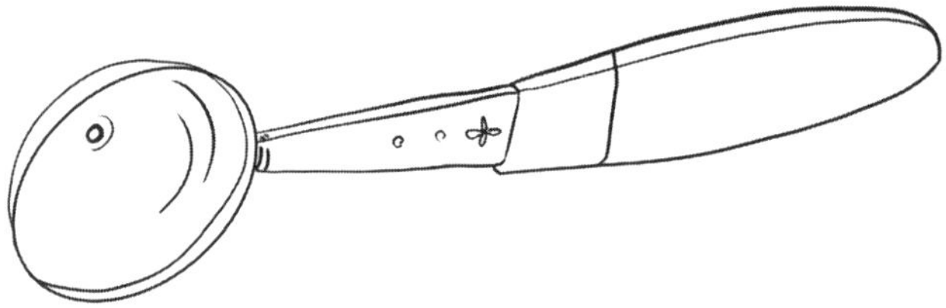

MINZIGER MELONENSALAT

Für 4–6 Portionen

1 TL Olivenöl

1 TL Honig

1 Prise Salz

2 EL Limettensaft (etwa 1 ausgepresste Limette)

1 EL Minze, frisch gehackt

620 g Wassermelonen-Stücke (aus etwa ½ mittelgroßen Wassermelone)

450 g Cantaloupemelonen-Bällchen (aus etwa ½ Cantaloupemelone)

450 g Honigmelonen-Bällchen (aus etwa ½ Honigmelone)

frische Minzeblätter zum Garnieren

In einer großen Schüssel das Öl mit Honig, Salz, Limettensaft und Minze verrühren. Die drei Sorten Melonenstücke dazugeben und in dem Dressing wenden, bis sie gründlich damit überzogen sind. Mit ein paar zusätzlichen Minzeblättchen garnieren.

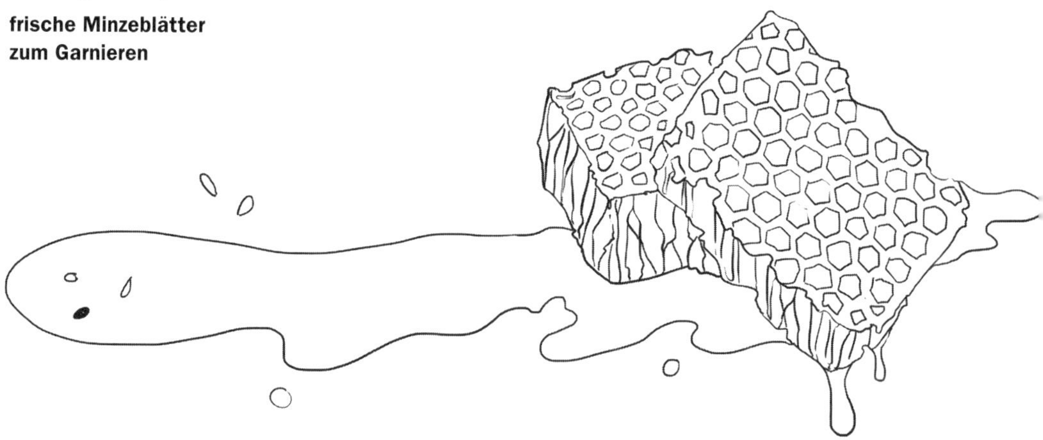

BANANENSPLIT MIT SALZIGER BUTTER-TOFFEE-SAUCE

Für 2–3 Portionen Bananensplit und ½ Liter Sauce

FÜR DIE BUTTER-TOFFEE-SAUCE

160 g Crème double

80 ml brauner Reissirup

100 g brauner Zucker

3 EL ungesüßtes Kakaopulver

½ TL Salz

210 g dunkle Schokostückchen

1 EL Butter

2–3 Tropfen Vanillearoma

FÜR DEN BANANENSPLIT

1 Banane, geschält, der Länge nach halbiert

1 Kugel Vanilleeis

1 Kugel Schokoladeneis

1 Kugel Erdbeereis

Schlagsahne

3 Maraschino-Kirschen

1 *Für die Buttertoffee-Sauce* in einem mittelgroßen Topf Crème double, Sirup, Zucker, Kakaopulver, Salz und Schokostückchen vermischen und bei mittlerer Hitze zum Köcheln bringen. 3 Minuten unter gelegentlichem Rühren köcheln lassen, bis alles geschmolzen und zu einer glatten Masse verbunden ist. Von der Herdplatte nehmen und die Butter und das Vanillearoma unterrühren. 5 Minuten abkühlen lassen, dann in eine Schüssel füllen und zugedeckt kühl stellen. Im Kühlschrank hält sich die Sauce 2 Wochen.

2 *Für den Bananen-Split* in einer mikrowellengeeigneten Schüssel ein paar Teelöffel Toffeesauce 1 Minute auf einer hohen Stufe erhitzen, währenddessen einmal umrühren. Die Bananenhälften an den Seiten eines Bananen-Split-Tellers platzieren. Die drei Kugeln Eiscreme nebeneinander in die Mitte geben. Ein paar Teelöffel warme Buttertoffee-Sauce darübergießen. Mit Schlagsahnehäubchen und den Kirschen garnieren.

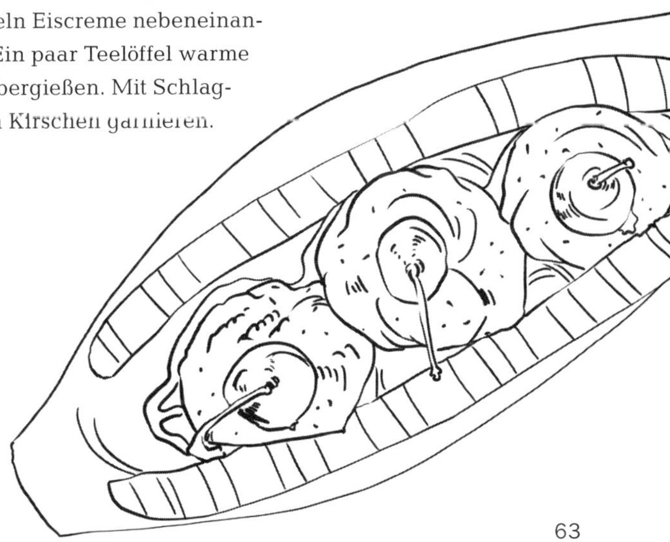

Erdbeerküchlein

Für 6–8 Portionen

250 g Crème double

2 EL Puderzucker, gesiebt

1–2 Tropfen Vanillearoma

1 Biskuitboden-Hälfte (siehe S. 84)

225 g Erdbeeren, geputzt und halbiert

1 Die Crème double, den Puderzucker und das Vanillearoma in eine mittelgroße Schüssel geben und mit dem Handrührgerät auf höchster Stufe steif schlagen.

2 Mit einem Ausstecher (7,5 bis 10 Zentimeter im Durchmesser) so viele Biskuitböden ausstechen wie möglich. (Ich habe neun geschafft und drei Küchlein angerichtet.) Die Zwischenräume zwischen den Böden mit der Schlagsahne und je einer Handvoll Erdbeeren füllen.

Schnelle Erdbeer-Hibiskus-Marmelade

Für 250 ml

125 ml Wasser, kochend

15 g getrocknete Hibiskusblüten

450 g Erdbeeren, geputzt

125 g Zucker

1 Prise Salz

1 In einem Messbecher das Wasser mit den Hibiskusblüten verrühren. 10 Minuten ziehen lassen. Abgießen. Den Hibiskusaufguss zusammen mit den Erdbeeren in den Mixer geben. Zu einer glatten Mischung verarbeiten.

2 In einem mittelgroßen Topf die Erdbeermischung mit Zucker und Salz bei mittlerer Hitze zum Sieden bringen. 20 Minuten köcheln lassen, dabei hin und wieder den entstandenen Schaum abschöpfen.

3 In ein Glas geben, verschließen und auf der Arbeitsfläche abkühlen lassen. Im Kühlschrank aufbewahren.

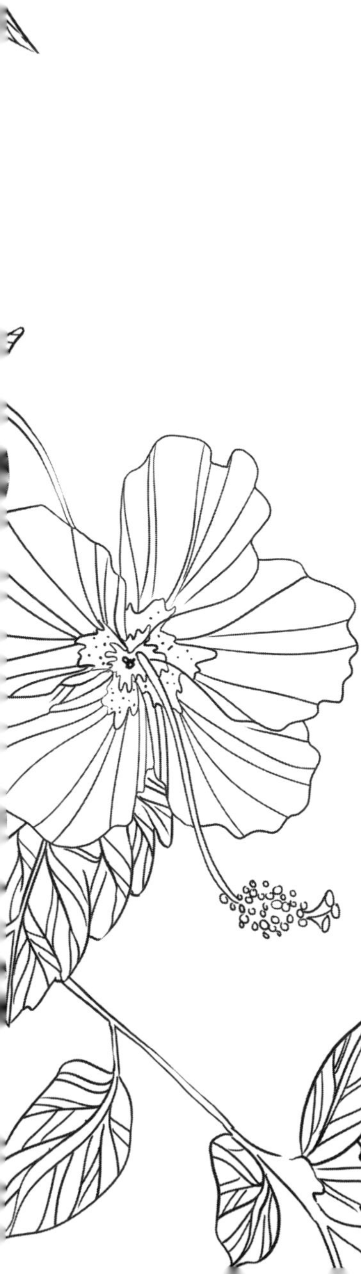

TRAUBEN-RICOTTA-CROSTATA

Für 4–6 Stücke

125 g Ricotta-Käse

1 EL Honig

¼ TL Salz

1 TL Speisestärke

60 g brauner Zucker

1 Tropfen Vanillearoma

450 g rote oder schwarze kernlose Trauben

1 fertig gekaufte Pastete ohne Füllung oder 1 Portion Pastenteig nach dem Rezept auf S. 86

1 großes Ei + 1 TL Wasser zum Bestreichen

1 Den Ofen auf 200 °C (Ober-/Unterhitze) vorheizen. Ein Backblech mit Backpapier auslegen.

2 In einer kleinen Schüssel den Ricotta mit dem Honig und dem Salz verrühren. In einer mittelgroßen Schüssel die Stärke, den Zucker und das Vanillearoma mischen. Die Trauben darin wenden.

3 Den Pastetenteig zu einem Kreis von 33 Zentimetern Durchmesser ausrollen und auf das Backblech legen. Die Ricottamischung darauf verteilen und dabei einen etwa 6 Zentimeter breiten Rand freilassen. Die Trauben in der Mitte verteilen. Die Teigränder nach oben umschlagen. In einer kleinen Schüssel das Ei mit dem Wasser verquirlen. Den Teig mit der Eimischung bestreichen. 30 bis 40 Minuten backen, bis die Crostata eine goldbraune Farbe angenommen hat.

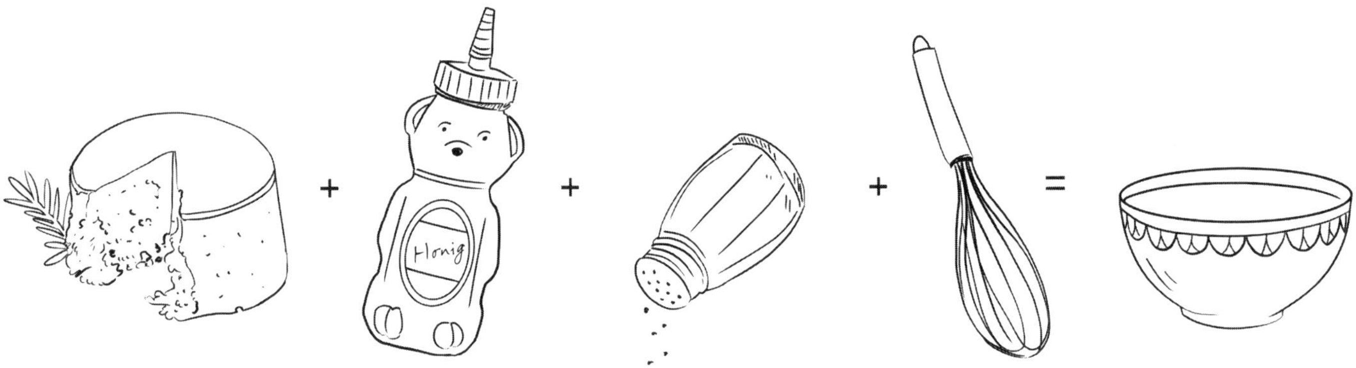

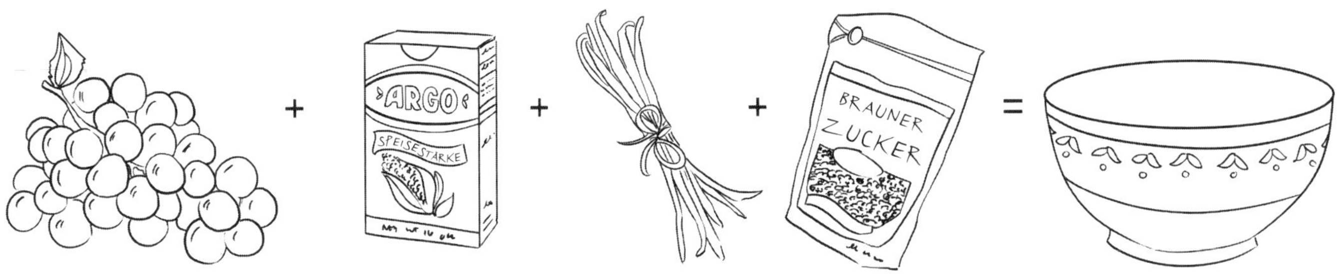

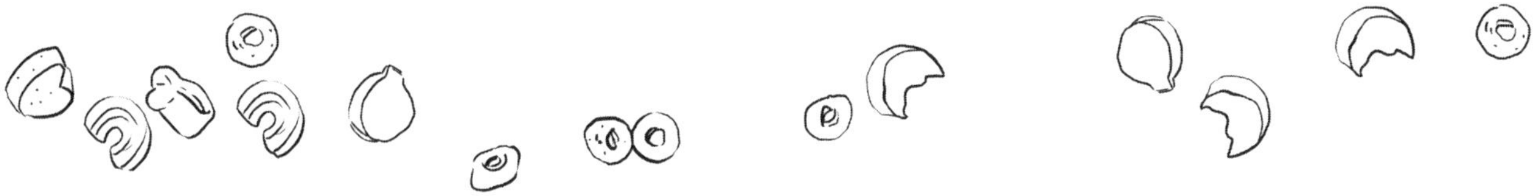

Eishörnchen mit Knusperschokorand

Für 12 Stück

180 g Zartbitter-Schokostückchen

2 TL Kokosöl

12 Eishörnchen

Je 120 g deiner 3 Lieblings-Zerealien

1 Ein Backblech mit Backpapier auslegen.

2 In einer kleinen mikrowellengeeigneten Schüssel die Schokostückchen mit dem Öl mischen. Auf einer hohen Stufe 1 Minute lang erhitzen, bis die Schokolade geschmolzen ist, währenddessen einmal umrühren. Anschließend zu einer sehr glatten Masse aufschlagen. Die Eishörnchen mit den obersten 5 Zentimetern in die geschmolzene Schokolade tauchen. Dann zügig die Zerealien in die Schokolade drücken. Die fertigen Eishörnchen mit der Öffnung nach unten auf das Backblech stellen, bis die Schokolade erkaltet ist.

EISTORTE »NEAPOLITANISCHE ART«

Für 8–10 Stücke

225 g Neapolitaner (etwa 30 Waffeln, z. B. von Manner), zerkrümelt

60 g Butter, zerlassen

¼ TL Salz

400 g Erdbeereis

400 g Vanilleeis

400 g Schokoladeneis

Schlagsahne zum Dekorieren

Maraschinokirschen zum Dekorieren

1 Den Ofen auf 180 °C (Ober-/Unterhitze) vorheizen.

2 In einer mittleren Schüssel die Waffelkrümel mit der Butter und dem Salz vermischen. Die Mischung auf dem Boden einer Springform mit 24 Zentimetern Durchmesser festdrücken. 8 Minuten backen und anschließend vollständig auskühlen lassen.

3 Unterdessen das Erdbeereis 10 Minuten bei Zimmertemperatur weich werden lassen. In die Form geben und zu einer gleichmäßigen Schicht verstreichen. 1 Stunde ins Gefrierfach stellen. Den Vorgang mit dem Vanille- und dem Schokoladeneis wiederholen. Die ganze Torte mindestens 1 Stunde ins Gefrierfach stellen, am besten aber über Nacht.

4 Die Torte aus der Form nehmen. Mit der geschlagenen Sahne und den Kirschen dekorieren. In Stücke schneiden und an einem heißen Sommertag servieren.

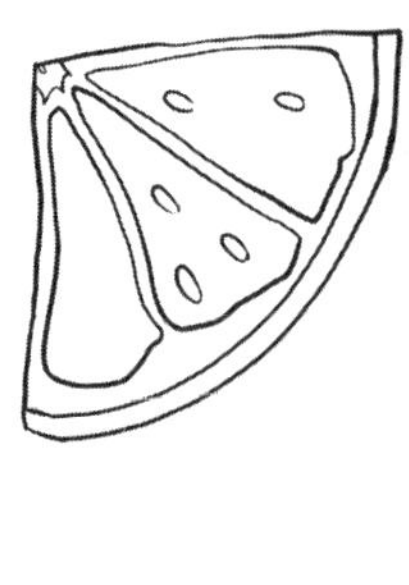

GRAPEFRUIT-THYMIAN-SCHORLE

Für 2 Gläser

60 g Zucker

60 ml Wasser

3 Zweige frischer Thymian + etwas mehr zum Garnieren

Eiswürfel

125 ml Grapefruitsaft

120 ml Limettensprudel

2 halbe Grapefruitscheiben zum Garnieren

1 In einem Topf Zucker, Wasser und Thymian bei mittlerer Hitze erwärmen, bis der Zucker geschmolzen ist. Von der Herdplatte nehmen, den Deckel auflegen und die Mischung 15 Minuten ziehen lassen. Abseihen und den Thymian entsorgen.

2 Je 2 Esslöffel des Sirups in zwei Gläser mit ein paar Eiswürfeln geben. Den Grapefruitsaft auf die beiden Gläser verteilen und zu jedem noch einen Schluck Sprudel hinzugeben. Die Gläser mit je ½ Grapefruitscheibe und einem Thymianzweig garnieren.

BEEREN-KOKOS-EIS AM STIEL

Für 6 Stück (à 90 g)

1 Dose Kokosmilch (400 ml)

40 g Puderzucker, gesiebt

2–3 Tropfen Vanille-aroma

1 Prise Salz

125 g Heidelbeeren, Brombeeren oder geviertelte Erdbeeren

1 In einer Schüssel die Kokosmilch mit dem Puderzucker, dem Vanillearoma und dem Salz vermischen. 250 Milliliter der Kokosmilchmischung zusammen mit den Beeren in den Mixer füllen und zu einer glatten Masse verarbeiten.

2 Die Kokos-Beeren-Masse abwechselnd mit der Kokosmilchmischung in Förmchen für Eis am Stiel füllen und dabei Schichtmuster nach eigenem Geschmack gestalten. Jeweils einen Stiel einsetzen und die Förmchen für mindestens 8 Stunden ins Tiefkühlfach stellen, am besten jedoch über Nacht. Um das Eis herauszulösen, muss man die Förmchen eventuell kurz unter warmes Wasser halten.

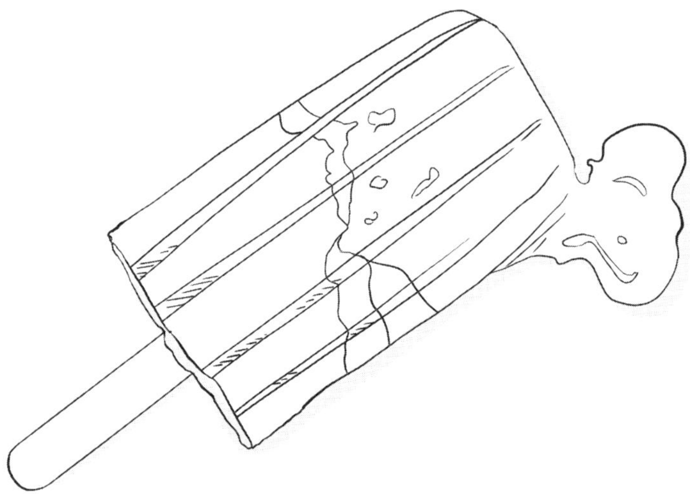

TARTE MIT RATATOUILLE UND ZIEGENKÄSE

Für 4 Portionen

60 ml Tomatensauce

60 g Ziegenfrischkäse

½ Schalotte, fein gehackt

1 Zweig frischer Thymian, Blättchen abgezupft

Salz

1 Prise rote Paprikaflocken

3 Platten fertiger Blätterteig, im Kühlschrank aufgetaut

1 Zucchini, in dünne Scheiben geschnitten

1 kleiner gelber Gartenkürbis (Squash), in dünne Scheiben geschnitten

½ rote Paprikaschote, in Ringe geschnitten

1 kleine japanische oder »normale« Aubergine, in dünne Scheiben geschnitten

1 großes Ei + 1 TL Wasser zum Bestreichen

2 TL Olivenöl

1 Den Ofen auf 200 °C (Ober-/Unterhitze) vorheizen. Ein Backblech mit Backpapier auslegen.

2 In einer kleinen Schüssel Tomatensauce, Käse, Schalotte, Thymian, etwas Salz und die roten Paprikaflocken miteinander vermischen.

3 Den Blätterteig auf das Backblech legen, die Platten etwas überlappend darauflegen und vorsichtig ausrollen. Die Ziegenkäsefüllung auf dem Teig verteilen und etwa 7,5 Zentimeter Rand freilassen. Zucchini, Kürbis und Paprika abwechselnd in einem kreisförmigen Muster auf der Füllung verteilen. Zum Schluss die Auberginenscheiben in der Mitte anordnen.

4 In einer kleinen Schüssel das Ei mit dem Wasser verquirlen. Die Ränder des Teigs mit der Eimischung bestreichen. Die Tarte 25 bis 30 Minuten backen, bis sie goldbraun geworden ist. Das Olivenöl über die Gemüsefüllung geben und alles mit etwas Salz bestreuen.

GIN-TONIC MIT BEEREN

Für 1 Glas

30 g gemischte Beeren (Brombeeren, Heidelbeeren und Himbeeren)

15 ml Zuckersirup (siehe Hinweis)

3 frische Minzeblätter

½ Limettenscheibe

Eiswürfel

60 ml Gin

140 ml Tonicwater

Die Beeren, den Sirup, die Minze und die Limettenscheibe in ein Glas geben und grob miteinander vermischen. Eine Handvoll Eis dazugeben und mit dem Gin und dem Tonicwater aufgießen.

Hinweis: Um Zuckersirup selbst herzustellen, in einem kleinen Topf bei mittlerer Hitze 250 Gramm Zucker mit 250 Millilitern Wasser 1 Minute lang erhitzen, bis sich der Zucker gelöst hat.

Kuchen mit der Gabel einstechen
Vollmilch, Kondensmilch und Kokosmilch mischen
KOKOS-MILCH
Frische MILCH
Auf den Kuchen geben
Über Nacht in den Kühlschrank
Vanille
Crème double
Zutaten glatt rühren (2 Minuten)
Puder-zucker
Puderzucker
Schlagsahne auf den Kuchen
Mit Kirschen garnieren UND SERVIEREN!

»TRES LECHES«-KUCHEN MIT KOKOSMILCH

Für 10–12 Stücke

FÜR DEN »TRES LECHES«-KUCHEN

1 Biskuitboden (33 x 23 cm, siehe S. 84)

100 ml Vollmilch

320 ml gesüßte Kondensmilch

150 ml leichte Kokosmilch

FÜR DEN BELAG

500 g Crème double

30 g Puderzucker, gesiebt

1–2 Tropfen Vanillearoma

6 Maraschino-Kirschen

1 *Für den »Tres Leches«-Kuchen* die Oberfläche des Biskuitbodens mit einer Gabel mehrfach einstechen. So dringt die Milch gleichmäßig in den Boden ein.

2 In einem großen Messbecher Vollmilch, Kondensmilch und Kokosmilch miteinander verquirlen. Über den Boden gießen. Den Boden mit Frischhaltefolie bedecken und mindestens für 2 Stunden in den Kühlschrank stellen – aber der Kuchen schmeckt immer besser, wenn er eine ganze Nacht durchziehen kann.

3 *Für den Belag* kurz vor dem Servieren die Crème double, den Puderzucker und das Vanillearoma in eine große Schüssel geben. Die Mischung mit dem Rührgerät auf hoher Stufe in etwa 2 Minuten steif schlagen. Die Schlagsahne auf den Kuchen geben und nach Geschmack glatt streichen. Mit den Kirschen dekorieren.

BISKUITBODEN

Für 10–12 Stücke

230 g Mehl

1½ TL Backpulver

¼ TL Salz

6 große Eier, getrennt

250 g Zucker

2–3 Tropfen Vanillearoma

80 ml Milch

1 Den Ofen auf 180 °C (Ober-/Unterhitze) vorheizen.

2 In einer großen Schüssel das Mehl mit dem Backpulver und dem Salz vermengen. Beiseitestellen.

3 Die Eigelbe und den Zucker in eine zweite große Schüssel geben. Die Mischung mit dem Rührbesen auf einer hohen Stufe aufschlagen, bis sie blassgelb geworden ist und ihren Umfang verdoppelt hat. Das Vanillearoma und die Milch hinzugeben. Auf niedriger Stufe weiterschlagen, bis alles gerade miteinander vermischt ist. Diese Masse unter das Mehlgemisch heben.

4 Die Schüssel, in der die Eigelbe aufgeschlagen wurden, reinigen und gut abtrocknen. Das Eiweiß hineingeben und mit den Schneebesen auf hoher Stufe 3 bis 4 Minuten zu einem festen Eischnee verarbeiten. Zu der Mehlmischung geben und unterheben.

5 *Als Boden für den »Tres Leches«-Kuchen:* Eine 33 x 23 Zentimeter große Rechteckform einfetten. Den Teig in die Form geben und 18 bis 20 Minuten backen, bis an einem in die Mitte eingestochenen Holzspieß kein Teig mehr hängenbleibt. In der Form gänzlich auskühlen lassen, ehe du mit der Zubereitung fortfährst (siehe S. 83)

6 *Als Boden für Erdbeerküchlein:* Ein »halbes« Backblech einfetten, mit Backpapier auslegen und einen Streifen Alufolie als Abgrenzung auf das Blech setzen. Den Teig auf das Backblech geben und die Oberfläche glattstreichen. 18 bis 20 Minuten backen, bis an einem in die Mitte eingestochenen Holzspieß kein Teig mehr hängenbleibt. Auf dem Backblech gänzlich auskühlen lassen, ehe du mit der Zubereitung fortfährst (siehe S. 64).

Schokoladenkuchen aus einer Schüssel

Für 6–8 Stücke

125 g Mehl

190 g Zucker

30 g ungesüßtes Kakaopulver

1 TL lösliches Espressopulver

¾ TL Natron

½ TL Backpulver

½ TL Salz

1 großes Ei

80 ml Buttermilch, gut geschüttelt

80 ml warmes Wasser

1 EL Olivenöl

2–3 Tropfen Vanillearoma

1 Den Ofen auf 180 °C (Ober-/Unterhitze) vorheizen. Zwei Backformen mit 15 Zentimetern Durchmesser einfetten und mit etwas Mehl bestäuben. Da dieser Teig sehr klebrig ist, die Formen zusätzlich mit Backpapier auslegen.

2 In einer großen Schüssel Mehl, Zucker, Kakaopulver, Espressopulver, Natron, Backpulver und Salz miteinander vermengen. Das Ei sowie Buttermilch, Wasser, Öl und Vanillearoma dazugeben. Mit dem Rührgerät die Zutaten auf einer langsamen Stufe 1 Minute gründlich zu einer glatten Mischung verrühren. Dieser Teig ist sehr dünn.

3 Für einen Kuchen den Teig auf die beiden Formen verteilen und 27 bis 30 Minuten backen, bis an einem in die Mitte eingestochenen Holzspieß kein Teig mehr hängenbleibt. 5 Minuten in der Form abkühlen lassen. Auf ein Ofengitter stürzen und ganz auskühlen lassen.

4 Für Cupcakes 12 Mulden eines Muffinblechs mit Papierbackförmchen auslegen und zur Hälfte mit Teig füllen. Für 18 bis 20 Minuten backen und die Garprobe machen (siehe Punkt 3). Das Blech 5 Minuten abkühlen lassen, dann die Muffins auf ein Kuchengitter legen.

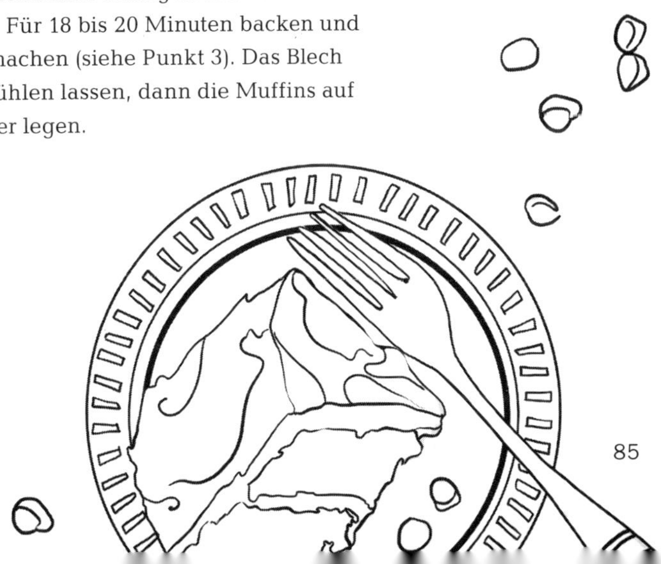

Pastetenteig

Für 2 Teigböden

390 g Mehl

1 EL Zucker

1½ TL feines Meersalz

250 g Butter, tiefgekühlt

125 + 60 ml sehr kaltes Wasser

1 großes Ei + 1 TL Wasser zum Bestreichen

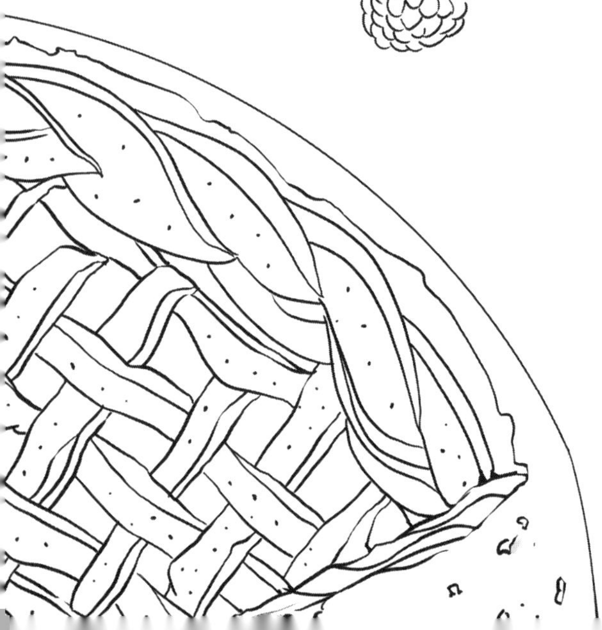

1 In einer großen Schüssel das Mehl, den Zucker und das Salz miteinander vermengen. Mit einer groben Reibe die tiefgekühlte Butter über die Mehlmischung raspeln. Mit den Händen gleichmäßig verkneten.

2 Nun 125 ml sehr kaltes Wasser dazugeben und alles miteinander vermischen. Der Teig ist jetzt sehr krümelig. Immer wieder 1 Esslöffel kaltes Wasser zugeben und weitermengen, bis der Teig eine glatte Masse bildet (Ich muss meistens 3 oder 4 Esslöffel Wasser zugeben). Die Arbeitsfläche mit Mehl bestreuen und den Teig darauflegen. Ein paarmal durchkneten, bis er eine Kugel bildet. Den Teig in zwei Hälften aufteilen und daraus zwei Böden formen. Die Böden in Frischhaltefolie einschlagen und mindestens 1 Stunde kühl stellen, am besten aber über Nacht.

3 Den ersten Teigboden aus dem Kühlschrank nehmen und in etwa 10 Minuten Zimmertemperatur annehmen lassen. Die Arbeitsfläche und das Nudelholz großzügig mit Mehl bestreuen. Den Teig zu einem Kreis von 33 Zentimetern Durchmesser ausrollen und dabei immer wieder drehen, damit er nicht festklebt. Den Teig um das Nudelholz wickeln und über einer mit Backpapier ausgelegten 23-Zentimeter-Pastetenform wieder aus-

rollen. Vorsichtig am Boden und an den Seiten der Form festdrücken. Den Teig am Rand entlang abschneiden und dabei noch etwa 2,5 Zentimeter überstehen lassen. Die gewünschte Füllung hineingeben und die Pastete ins Tiefkühlfach stellen, während der zweite Teigboden ausgerollt wird.

4 Den zweiten Boden ausrollen, wie beim ersten beschrieben. Jetzt hast du mehrere Möglichkeiten: Du kannst einfach den Teigdeckel auf die Pastete legen und ein paar Schlitze hineinschneiden, sodass Dampf entweichen kann. Du könntest auch ein Gitter aus Teig formen. Du könntest sogar Löcher oder eine andere Form ausstechen und den ausgestochenen Teig auf dem Deckel platzieren. Nun den Teigüberhang am Rand umkrempeln. In einer kleinen Schüssel das Ei mit 1 Teelöffel Wasser verquirlen. Die Pastete oben damit bestreichen. Nach den Angaben des ausgewählten Rezepts backen.

DANK

Bei jedem Kochbuch schaue ich mir zuerst die Danksagung an. Ich bin nämlich neugierig; so wie du wahrscheinlich auch! Aber hier bist du willkommen.

Wie immer ein Dankeschön an Danielle Svetcov, meine Agentin. Ein Riesendankeschön an alle von Rodale, vor allem an Gail Gonzales, Dervla Kelly, Rae Ann Spitzenberger und Aly Mostel.

An Billy Green: Danke, dass zu mir hältst wie Drake zu Rihanna. (Oder ist es vielleicht umgekehrt?)

An meine Mama Tatiana und meinem Bruder Daniel: Ich hab euch beide so lieb, dass es wehtut (und zwar auf eine gute Art!)

An meinen Joshua: Danke, dass du mich so sehr liebst! Und danke, dass du mir Amelia geschenkt hast, die immer meine beste Freundin und meine Muse sein wird.

Danke Amber Day, die mit ihrem wunderbaren Talent dieses Buch verschönert hat.

Und ganz besonders möchte ich euch allen danken: denen, die meine Bücher kaufen, Kommentare und E-Mails schicken und meine Rezepte nachkochen. Danke dafür, dass ihr mir einen Beruf geschenkt habt, von dem ich nur hätte träumen können.

Eure

ADRIANNA

REGISTER